Diogenes Taschenbuch 21780

Ludwig Marcuse

Strindberg

*Das Leben
der tragischen
Seele*

Diogenes

Geschrieben im Sommer 1920
Die Erstausgabe erschien 1922
Umschlagfoto: August Strindberg,
›Selbstporträt‹ (Ausschnitt)
Aufgenommen 1886
in Gersau
Abdruck mit
freundlicher Genehmigung
des Suhrkamp
Verlags

*Meinen Freunden
Alfred Jackier
Artur Lewinneck
Manfred Georg*

Veröffentlicht als Diogenes Taschenbuch, 1989
Alle Rechte vorbehalten
Copyright © 1989
Diogenes Verlag AG Zürich
60/89/8/1
ISBN 3 257 21780 3

Motto: „Es pocht eine Sehnsucht an die Welt,
an der wir sterben müssen."

Vorwort.

Voraussetzung und Rechtfertigung.

I.

Dies Buch hat seine Vor-Urteile.

Es glaubt: daß bei aller Bedeutsamkeit von Abstammung, Erziehung, Zeitgeist, Gesellschaftskonstellation und Zufällen doch die eingeborene Notwendigkeit der Richtung das bedeutsamste, erstrangigste Element eines großen Lebens bildet, und daß ein Leben um so bedeutungsloser ist, je mehr sich diese Rangordnung zugunsten von Milieu und Zufall verschiebt.

Es glaubt ferner: daß sich die Notwendigkeit der Richtung zwar i n der Lebensentwicklung ausprägt, aber nicht a l s Lebensentwicklung; so vernachlässigt es die zeitliche Abfolge der Lebensmomente ebenso sehr wie die jenseits der Person liegenden Konstellationen der Welt.

Es glaubt drittens: daß unter all den mannigfaltigen seelischen Gestalten, die — wie in jeder Vergangenheit auch in unserer Zeit — nebeneinander blühen, gerade jede andere als Nachblüte übersehen und nur der tragische Mensch als zukunftsträchtig ausgezeichnet werden muß.

Und es glaubt schließlich: daß es — ohne ein Phantasma zu konstruieren — das metaphysische Muß eines Lebens aus einer komplexen Wirklichkeit herausheben kann durch die Idee einer seelischen Notwendigkeit.

So allein löst sich auch die sonst unlösbare Aufgabe, die Totalität eines Lebens begrifflich einzufangen. Neben einer künstlerischen

vermag allein eine philosophische Biographie den Kern eines Lebens
sichtbar zu machen, wenn auch nur ein großes, ein kernhaftes
Leben einer philosophischen Biographie zugänglich ist. Alle historischen, das Leben registrierenden Lebensdarstellungen präpa-
rieren lediglich das Material oder schildern Leben, die wesentlich
Material geblieben sind.

Dies Buch ist also keine „objektive" Biographie, weder im
Sinne einer die Tatsachen nachzeichnenden Lebenserzählung, noch
im Sinne einer Lebenswürdigung, die an einem als objektiv voraus-
gesetzten Wertkoordinatensystem orientiert wäre. Dies Buch fragt
nicht: was hat Strindberg geleistet? Es fragt: wer ist Strindberg
gewesen? Es will nicht an seiner Bedeutung für diese und jene
Kulturzusammenhänge seinen Wert ablesen; vielmehr ist es ihm
nur um die Formulierung seines tiefsten Existenzpunktes zu tun.

II.

Da die Erkenntnis höchstens in ihrer Totalität, auf keinen
Fall aber in jedem ihrer Partialbereiche Selbstzweck ist, so hat
sich alle Denkarbeit, die nur auf einen Teil der Welt geht, vor der
Erkenntnisgesamtheit und einem Sinn des Lebens zu rechtfertigen.
Auch dieses Buch fühlt sich daher zur Rechenschaft über sein Dasein verpflichtet: da es in Strindberg eine der stärksten Konkre-
tionen der tragischen Seele, eine uns repräsentierende Seele erkennt,
und da es im Bereiche der tragischen Seele das Auftauchen der
Zukunft erwartet, will es in Strindberg unsere geistige Krisis klären
und somit ihre Überwindung vorbereiten. In Strindberg soll, wie in
einem vergrößerten und konzentrierten Bilde, unsere Situation
deutlich werden. Mehr nicht! So ist dieses Buch — wie jedes vor-
bereitende Buch — notwendig betrachtend; Ideen erkennend, nicht
Ideen überwindend. Wären einige Vorpostenmenschen heute schon
über Strindbergs Seelenwirklichkeit hinausgewachsen, dann wäre er
uns ein historisches Ereignis. Wir stehen noch immer innerhalb
seiner Seelengrenzen. Durch Erkenntnis können wir ihn nicht überwinden: Erkenntnis kann nur Gegebenes ausdrücken. Geben kann

nur die Seele. Unsere Erkenntnis Strindbergs besitzt für uns nur autobiographischen Wert. Aber jeder, der autobiographischen Besinnungen verfallen ist, weiß, daß sie ein geheimnisvolles Stimulans für den seelischen Prozeß bilden, der in die Zukunft mündet. Deshalb, um unserer seelischen Zukunft willen, werden dieser Strindberg-Monographie weitere Monographien folgen, bis die Seele des tragischen Menschen in ihrem ganzen Umkreis begrifflich erhellt ist.

III.

Dies Buch verlangt vom Leser Einhaltung der Kapitelfolge. Nur wer gewohnt ist, den fünften vor dem ersten Akt, das Rondo vor der Introduktion und den Beweis vor den Voraussetzungen kennenzulernen, mag auch hier so tun, als wären die sechs Kapitel nicht übereinander gebaut.

Einleitendes Kapitel.

Drei Gestalten der Seele.

Drei Gestalten der Seele.

Erst eine Epoche, deren führende Menschen keine Seele mehr haben, welche schöpferisch genug wäre, die Welt zu bezwingen, ein neues Seelengehäuse (namens: Kultur) auf dem Siegesweg der Zeit abzulagern, erst eine solche Epoche hat Möglichkeit, Recht und Muße, sich in ihrer Kunst und Philosophie der ganzen Fülle seelischer Gestalten, die auf unserem Stern geboren sind, hinzugeben: Seelen aus allen Ländern und Seelen aus allen Zeiten, soweit Menschengedenken reicht. Mit der Romantik begann diese Ära der indischen Poesie und der Negerplastik, der Kirgisenmusik und der japanischen Vasen, der isländischen Märchen und der chinesischen Philosophie. In Europa war ein luftleerer Raum entstanden; nun drängten alle Weltteile nach und füllten ihn mit ihren Schätzen. Nietzsches Aufsässigkeit gegen dies historisch-ästhetische Weltgefühl war Selbstpeinigung; war eine letzte ohnmächtige Reaktion gegen die unvermeidliche Sterilität unserer Ära, unter täuschender Argumentation: nicht, weil wir mit allen Zeiten und an allen Orten leben, sind wir unfähig zu eigenem Neu; sondern weil wir kein eigenes Selbst der Welt mehr präsentieren können, hat sich die letzte Energie unserer inhaltslosen Seele in das Erringen der seelischen Inhalte aller Vergangenheiten umgesetzt. Wie wenig aber dies historische, also zeitlich und räumlich gegenwartslose Weltgefühl eine Folge dekadenter, blutloser Schwäche ist, vielmehr das Resultat unserer metaphysischen Bestimmung (die transitorisch oder endgültig sein mag), und wie sehr gerade diese Gegenwartslosigkeit u n s e r e r Seele eine neue, unsere Gegenwart individuell charakterisiert: das bezeugen doch wahrlich unsere gewaltigsten Repräsentanten:

Kierkegaard, Nietzsche und Strindberg; sie beweisen auch, daß selbst radikalstes Vorwärtstreiben der Reflektion die produktiven Kräfte nicht zu zerstören braucht; sie reflektierten und rationalisierten in tiefster Schicht, ohne damit die lebendigen Funktionen zu vernichten. Sie erlebten vergangene Lebensformen mit leidenschaftlichster Aktivität; aber alle Aktivität konnte keine Gegenwartssynthese schaffen, sondern nur erhöhte Reibung aller Vergangenheiten. Sie lebten Daseinsstile der Vergangenheit, als wären diese ihr produktives Erzeugnis; sie durchlebten mehrere Weltepochen, mehrere Seelen, und erlebten eine jede jedesmal: als hätten sie gerade diese als innerstes Muß der Welt beschert; sie lebten die gesamte Vergangenheit gegenwärtig; sie lebten (historische Aktivisten!) in kurzer Lebensspanne viele Leben, nach einem jeden dies bekennend: „Bete an, was du verbrannt hast; verbrenne, was du angebetet hast!"

Wenn wir in Kierkegaard, Nietzsche und Strindberg unsere unproduktive Situation erkennen, so werden wir nicht lamentieren und unsere Arme in eine leere Zukunft sehnsüchtig vorstrecken, noch auch werden wir uns aus Verzweiflung und wildem Trotz in eine Einseitigkeit drängen lassen; sondern wir werden — nächst unseren selbstverständlichen ethisch-politischen Gegenwartsaufgaben, die uns aber nicht metaphysisch befriedigen, da wir sie nicht schöpferisch, sondern nur vorläufig lösen können — uns zur Fahrt rüsten in das große Seelenbereich der Vergangenheit, um unserer Seele an Reichtum und Intensität das zu bescheren, was ihr an Originalität versagt ist. Denn: selbst wenn für uns überhaupt noch ein Weg offen stehen sollte, so wird er immer über die Allheit aller bisher gewachsenen Formen gehen. Um sie zu empfangen, müssen wir unser Ich entschränken, Menschheitsseele zu werden. Doch ist dieses „Müssen" ein überflüssiges Postulat. Wir sind entschränkt! Unser Ich ist der tragische Mensch, jene Seele, welche von Georg Büchner bis Rodin, von Kleist bis Kierkegaard der lebendige Kern des nachgoetheschen Menschen ist. Entschränkung, Entselbstung, Unendlichkeitsweitung liegt schon im Wesen des tragischen Menschen beschlossen. Das historische Weltgefühl ist sein legitimstes Erzeugnis; der beruhigte Historiker und der ekstatische, das Nichts erlebende, chaotische Mensch, welcher zu viel Seelen besitzt, als daß er eine Seele leben könnte, sind nur zwei Formen (die unproduktive und die produktive) des gleichen Typus! Alles und nichts bedeutet gleich viel für das original schaffende Individuum, das immer nur aus einer Begrenzung herausschaffen kann. Der tragische Mensch sieht nicht mehr mit zwei Augen und ihrer Perspektive, sondern mit allen Augen alle Perspektiven.

Es gibt drei Urgestalten der Seele: die gläubige, die ungläubige und die tragische Seele; drei Urahnen seelischer Verwandtschaften, drei Urdominanten seelischen Lebens; sie weben japanisches wie indisches, perikleisches wie gotisches Leben. Sie sind verschieden in den letzten typischen Grundhaltungen, welche die großen übergreifenden Seelenfamilien herstellen. Alle drei Seelen sind unterklängig da zu allen Zeiten. Aber die Zeiten charakterisieren sich (abseits aller Inhalte!) dadurch, welche Seele die Herrschaft gewinnt. Der tragische Mensch, der den Gläubigen und den Ungläubigen zugleich in sich birgt, ist die Höhe und die Aufgabe unserer Zeit.

Der Gläubige ist ein anderer, ob er Apostel Paulus oder Bach heißt, ob er im späten Ägypten oder zur Ottonenzeit lebt. Aber immer gilt: je unversehrter er sich sein Verbundensein mit Gott, mit einer seelisch-geistigen Weltmitte bewahrt hat, je energischer er seine Welt um das Zentrum eines konkret und lebendig erfaßten Verhältnisses zwischen Gott und Mensch aufbaut: um so kraftvoller und einheitlicher wird sein ganzes Leben vom Glauben geformt sein. Ob er politisch wirkt oder am Krankenbett sitzt, ob er malt oder heiratet, ob er seinen Tag einteilt oder sich vergnügt, wie peripherisch ein Lebensmoment auch liegen mag: alles wird vom gläubigen Zentrum, seinem Verhältnis zu Gott immer erfaßt und gestaltet werden. Sobald aber dies Verhältnis zwischen Gott und Mensch nicht mehr Zentralachse seines Lebens ist; sobald sich der Glaube verflüchtigt: in die Moral oder die Kunst oder die Vergottung der Frau, in Wirtschaftsutopien oder in die Wissenschaft: so wird er dünn und abstrakt, verkapselt sich in peripheren Lebensereignissen und hat nicht mehr die Kraft, alle Lebensmomente einheitlich zu durchdringen. Der Mensch gelangt nicht mehr bis zu Gott, sobald sein Glaube in irdischen Teilbereichen inkarniert ist, sobald er sich in der Vergottung irdischer Einzelheiten verfangen hat. Hier gibt es eine reiche Skala von Graden der Gläubigkeit von Jesus bis zu Kant und Feuerbach.

Das Urbild der gläubigen Seele ist aber dies: sie lebt in sicher umgrenzter Welt. Die Unendlichkeit ist überwunden. Weltumstürzendes kann sich nicht ereignen, da noch die gigantischsten Ereignisse in ihre begrenzte Welt hineingezwungen werden. Alle Schicksale, die sie treffen, sind bestimmt, sofort von ihrem Glauben gedeutet zu werden. So ist um sie Ruhe und in ihr Stetigkeit. Innerer Kampf ist möglich, sobald sich die ungefüge Wirklichkeit ihrem Glauben gegenüber spröde verhält. Doch Selbstentzweiung ist unmöglich, da der Glaube siegen muß. Der gläubige Künstler wird sich keine Themen auswählen; das Können dient nur der Sichtbarmachung des Glaubens. Der Philosoph wird sich keine Probleme wählen; das Denken dient nur der Sichtbarmachung des Glaubens. Der gläubige Mensch ist unerschütterbar und unwiderlegbar, da man wohl eine Ansicht, aber nicht eine Seele widerlegen kann. Sein Hauptdogma der ethischen Rechtfertigung Gottes ist: wer weiß, wozu es gut ist; sein theoretisches Vor-Urteil: credo quia absurdum! Ob der Zweifel bewußt oder instinktiv abgewehrt wird: selbst der Vernunftglaube hat noch eine Einzäunung, die tabu ist. Glauben erwirbt man nicht (erwerbbar ist nur Technik und theoretische Klärung!). Der Glaube ist kein Geschenk der Welt an den Menschen wie etwa Lebenserfahrung; sondern das Königsgeschenk einer Seele an das Leben. Glaube ist das letzte Band, das einen Haufen von Erfahrungen, Erlebnissen und Gedanken zu einer Welt bindet.

Neben dem schöpferischen Glauben ist der Epigonenglaube. Der unschöpferische Glaube hat keine Notwendigkeit, er ist nicht die Wurzel eines Ich; er ist auswechselbar und überwindbar. Er ist i n einer Seele; doch ist er nicht d i e Seele; er ist ein Glaube der Tradition, der Dummheit, des Snobismus, der Nützlichkeit oder der Feigheit; er ist ein totes Gehäuse, in das eine unlebendige Seele eingesperrt sitzt; er ist zu allen Zeiten der Glaube der ungeistigen Schicht der Menschheit.

Der Ungläubige ist sprachlich gezeichnet, als wäre er nur ein Negativum. Das Wort täuscht. Er gewinnt allerdings einen Teil seines Pathos aus der Bekämpfung eines überlebten Glaubens, also aus negativer Arbeit, aus Abbauarbeit. Sieht man sich aber die großen Ungläubigen der Renaissance an: sind das nur Verneiner oder nur Empörer? Sie sprachen wohl aus: was wir nicht erleben, ist nicht da. Aber sie sprachen auch aus, was sie erlebten, und wo sie es nicht aussprachen, da schwingt es unterklänglig mit. Sobald der Ungläubige geistig ist, mehr als Genüßling und skeptischer Melancholist; sobald er mehr auch als der verkappte Schemen eines rechtgläubigen Metaphysikers im Kostüm des Freigeistes; sobald er mit letztem Ernst Gott, also einen Weltsinn verneint, so findet er — wenn er auch noch mehr ist als eine ausgeklügelte Theorie — im Dasein, nicht in der Bedeutung des Daseins sein positives Erlebnis. Hier ist es vor allem die Kraft- und Machtentfaltung des Ich, an der sich der ungläubige Mensch berauscht: das war bei den Sophisten, das war in der Renaissance und das war abermals bei Nietzsche so, der in e i n e r Seelenschicht aus diesem Verwandtschaftsgefühl heraus so stark mit Sophistik und Renaissance sympathisierte. Shakespeares Richard III., Friedrich II. von Preußen, Napoleon, Bismarck, neun Zehntel aller Gestalten Bernard Shaws: sie alle ordnen sich keinem Weltsinn ein, weil sie keinen anerkennen. Sie ordnen die Welt, weil sie Geistige sind: ordnen sie nach dem Maße ihres Ich, ohne dieses Maß mit den Maßen des Kosmos zu harmonisieren. Das bedeutet das Vielumrätselte: Der Mensch ist das Maß aller Dinge. Eine Mehrzahl von ordnenden Seelen als letzte Kraftquellen (sagen wir als „Götter"), also der strengste Polytheismus: das ist der „Glaube" der Ungläubigen, der sehr verschieden ist von jedem abergläubischen wie von jedem religiösen, nur vorläufigen Polytheismus. Der abergläubische Polytheismus ist die Verzweiflung eines seelisch und geistig ohnmächtigen Menschenwesens des tragischen Menschen; der religiöse, etwa der griechische Polytheismus, welcher der Göttervielzahl die Moira als sinnhafte, wenn auch unverstandene Notwendigkeit überordnet, und der so unter den Göttern selbst noch eine Rangordnung setzt, tendiert zu seiner eigenen Überwindung. Der Ungläubige verneint einen jeden Kosmos aus subjektiver Überkraft, während der Abergläubische ihn in Ohnmacht gar nicht erreichen kann. Der Ungläubige lebt im mittelpunktslosen Raum. Der Mittelpunkt, der in seinem Ich liegt, gilt nur bis zu den letzten Ausstrahlungen seiner Aktionen. Der Ungläubige kann also zwar nie die Welt gewinnen wie Bach, Luther und Goethe sie gewann; er müßte sonst das Paradoxon besiegen, die ganze Welt in sein Ich hineinzuziehen. Es ist für ihn aber bezeichnend, daß er dies Paradox erstrebt — und als erreicht vorauserlebt. Napoleon hätte vielleicht nie diese Siege erfochten, wenn er nicht das Weltimperium seelisch antizipiert hätte.

Diese letzte Harmonisierung zwischen Ich, Welt und Gott ist dem tragischen Menschen s c h o n a l s I l l u s i o n s e r l e b n i s versagt. Und der tragische Mensch erlebt sehnsüchtig dies Versagte: ungläubig sehnt er sich nach dem Glauben, in der Erkenntnis, daß das Ich doch zerbrechen muß, wenn es sich zum Welt-Ich aufbläst. Ihm fehlt die Naivität, die Synthese von Ich und Welt durch Despotie des Ich zu erstreben. Dieser „Glaube", dieses a priori aktiver Ungläubigkeit kann ihm nicht die Fremdheit wegtäuschen, die — noch im Idealfalle — eine bezwungene Welt innerhalb des Zwingherrn-Ich geltend machen muß. Und andererseits: wie der tragische Mensch keinen Weg zum Unglauben hat, so hat er auch keinen zum Glauben: er ist von anderem Geblüt, unbegnadet. Da nützt kein Ästhetenkatholizismus; da nützt nicht die Enzyklika politischer Literaten: „der Mensch ist gut". Da rast selbst der Sehnsüchtigste und Glaubenswilligste unserer Ära, der gewaltige Kierkegaard wieder und wieder vergebens die Kluft entlang — und kann doch den „Sprung" nicht springen. Sehnsüchtig nach einem Welt-Sinn, der ihn bergen kann, erkennt der tragische Mensch viele mögliche Götter, ohne daß es ihm, wie dem Ungläubigen gegeben wäre, wenigstens unter den Illusionen der eigenen absoluten Göttlichkeit zu leben. Kleist, Büchner und Hebbel, unsere drei großen Tragiker, haben in der Penthesilea, im Danton-Woyzeck, im Herodes-Kandaules die tragische Seele porträtiert: sie hat keinen Glauben — und umwirbt ihn so innig: also wurde ihr Erdendasein ein Inferno. Wieso kann sie nicht glauben? Dies letzte tiefste Geheimnis des tragischen Menschen, seine schwerste Wunde, kann vielleicht nur die Musik aufdecken: eine Musik, die nicht nur das Melos, sondern auch alle kontrapunktischen Formen überflutet: der tragische Mensch hat die Vergänglichkeit jeder Grenze erkannt; der tragische Mensch weiß, daß Gott sich nie ins Ich einschließen lassen kann: nicht, wer Gott sieht, muß sterben; sondern: man darf schon kein Ich mehr sein, um Gott zu sehen. Ruhelos und unstet; suchend mit der Gewißheit, nie zu finden; zweifelnd mit dem Bewußtsein, nie beruhigt werden zu können; schaffend immer für eine begrenzte, nie für eine unbegrenzte Zukunft; unfruchtbar aus Überlegenheit; nie selig, nur glücklich in Sekunden des Selbstvergessens; zu jedem Ja das koordinierte Nein erblickend: das ist die tragische Seele. Kungfutse spricht: „Ich war fünfzehn, und mein Wille stand aufs Lernen, mit dreißig stand ich fest, mit vierzig hatte ich keine Zweifel mehr, mit fünfzig war mir das Gesetz des Himmels kund, mit sechzig war mein Ohr aufgetan, mit siebzig konnte ich meines Herzens Wünschen folgen, ohne das Maß zu übertreten." Stadien auf dem Lebensweg eines Gläubigen! Doch König Magnus in Strindbergs „Folkungersage" kennt eine andere Lebensentwicklung: „Wenn man zwanzig Jahre alt ist, hat man das Welträtsel gelöst, bei dreißig Jahren beginnt man darüber nachzudenken und bei vierzig Jahren findet man es unlösbar." Und ein andermal drückt Strindberg die Entwicklung des tragischen Menschen so aus: „Bis zum fünfzigsten Jahr geht man hin und prophezeit; vom fünfzigsten muß man umkehren und zurücknehmen."

Immer ist der Ausgangspunkt das Individuum. Der Endpunkt das Leben. Der Weg geht über Gott. Beim Ungläubigen ist dieser Weg gar nicht da. Das Individuum hat sich unmittelbar und restlos im Leben investiert. Beim tragischen Menschen ist dieser Weg ein verwirrender Urwald, aus dem nie herauskommt, wer sich hineinwagt. Der tragsiche Mensch kommt gar nicht bis zum Leben. Sein Leben ist das Suchen nach Gott (nicht das Streben zu Gott)!. Nur dem Gläubigen schließt sich Ich, Gott und Leben zum Kreise zusammen.

Das Individuum ist geboren: in einer Familie, einer Stadt, einem Land, einem Weltteil, einer Weltperiode. Sein Sinn ist Schöpfung. Das heißt: Verselbstung der Welt. Das schöpferische Individuum kann sich im Dom und im Gedicht, in der Logik des Weltablaufs und in der Utopie, als Geliebter und als Eremit auswirken. In welcher dieser Sphären es sichtbar wird, entscheidet seine Begabung. Als welches es sichtbar wird, entscheidet seine geistige Bestimmung; und zu drei Bestimmungen kann das Individuum geboren sein:

Die eine Bestimmung: es veredelt die Verhältnisse seiner Familie; es verwesentlicht den Stil seiner Stadt; es durchstößt den Boden als reifste Frucht seines Landes; es wird der Extrakt seines Weltteils; seine Weltperiode beherrscht es als unüberragbare Aufgipfelung. Dies Individuum lebt in einer hüllenden Umsicht. Es lebt im Glück. Das ist das irdische Dasein des Gläubigen.

Die andere Bestimmung, zu welcher der Ungläubige geboren ist: das Individuum löst sich von der Familie ab; es reißt die Häuser seiner Stadt ein und zerstört das Gewebe der Straßen; über Land und Weltteil schwingt es sich ins Blaue; es hebt sich aus dem Strom, der von der Vergangenheit in die Zukunft mündet; es genießt die Unabhängigkeit, indem es sich ins Leere des Weltenraumes hängt. Und nun lauscht es, daß sein Ich, welches unmittelbar aus dem Weltschoß hervorging und unbelastet ist von dieser Zeit und jenem Ort — es lauscht, daß dieses Ich die Welt in sich hineinreißt, um ihr sein Zeichen aufzuprägen. Das Individuum lebt ohne hüllende Umschicht. Es ist nackt. Es kann eine Menschheit vergewaltigen wie Napoleon. Es kann auch gekreuzigt werden als Verbrecher und Narr. Der Ausgang ist in seinem Wesen nicht vorgezeichnet. Er hängt — in der Muttersprache des Ungläubigen ausgedrückt — von der Zufallskonstellation ab.

Und die dritte Bestimmung: wieder sind alle Gehäuse zerbrochen und alle Gefühle gesprengt. Ein prahlender Geck, mit Fäusten in die Hüften gestemmt, steht auf den Trümmern und verkündet den absoluten Skeptizismus. Die Ohnmacht zum Neubau drapiert sich mit blasierter Geste als Kraft der Entsagung. Mattigkeit des Herzschlags und Stumpfwerdung des Gehirns hecken eine Weltanschauung. Diese weltgeschichtliche Episode versinkt schnell in sich selbst. Aber immer noch schwebt die Leere über einer zerschlagenen Welt. Und abermals kommt ein Individuum und reißt diese Welt in sich hinein. Es baut auf. Unbefriedigt reißt es wieder nieder. Es baut abermals auf. Es zerstört. Unendliches auf und nieder. Dieser Rhythmus wird sein Leben. Es blutet an der Wunde der Individualität. Individuum sein heißt ihm: Grenzen haben und Begrenztheit fühlen, und es zerstößt sich den Kopf an allen Grenzen. Daß alles Leben nur in Formen möglich ist, und daß auch noch die sublimierteste geistige Form ihre starren Grenzen hat: das ist ihm unüberwindbar. Es rast durch alle Parteien. Sein zweiter Schritt ist schon Opposition gegen sich, da es unfehlbar beim zweiten Schritt die Grenze, die halbe Lüge seines ersten Schrittes gewahrt. Dies ist das Dasein des tragischen Menschen. Des Menschen, der — sollte er das letzte Wort behalten — einmal dieses Leben in Frage stellen könnte. Weder aus persönlicher Verbitterung, noch aus irgendeinem pessimistischen Aberglauben: sondern weil er einsieht, daß das Leben nur im Aufbau von Formen bestehen kann, und da er ein für allemal jede Form als Minderwertigkeit, als Verengung des Blicks, oder als Willkürtrotz eines sinnlosen Entschlusses desavouieren muß. Es braucht dieser Absturz ins Unendliche nicht ohnmächtig-matt zu geschehen. Es kann dieser Absturz gerade unter heftigster Aktivität sich bekunden, indem das Individuum ständig die Richtungen wechselt und immer wieder die Form probiert. Dies Individuum ist heimatlos und daher unglücklich. Es hat auch Liebe und Zorn und geht mit seiner Liebe und seinem Zorn zur Partei. Es hat auch Glück und Hoffnung und schreitet in Glück und Hoffnung auf ein Ziel. Aber kein Weg ist so breit, daß nicht seine Grenzen es bedrängten; und es gelangt zu keinem Ziel, da es, durch die Unzulänglichkeit eines jeden Zieles verwirrt, ständig im Zwischen oszilliert.

Das tragische Individuum steht heute an jener wandernden Grenze, an der die Zukunft beginnt. Es fordert dringend seine eigene Überwindung, da die Dialektik zwischen der Einseitigkeit einer jeden Lebensform, in die es sich nicht mehr einsperren kann, und der Unendlichkeit der erlebten Möglichkeiten, in welcher das Leben versinken muß, eine Versöhnung fordert. Alle, auf die es ankam seit Goethes Tod, haben die Überwindung der radikalen, nihilistischen Romantik versucht — und sind bei diesem Gigantensturm irrsinnig geworden wie Nietzsche oder Krüppel wie Grabbe. Strindberg fand (wie Hebbel) einen Ausweg, eine Ausflucht aus dem furchtbaren Entweder-oder: er schuf sich, Diktator gegen sich selbst, ein Asyl inmitten der großen Heimatlosigkeit. Ein Asyl, keine Heimat! Eine Heimat läßt sich nicht schaffen!

Zweites Kapitel.

Strindbergs Individualität.

Strindbergs Individualität.

Motto: „Alles Lebendige ist aus Elementen zusammengesetzt, die nicht gleichartig sind."
(Dramaturgie.)

Alle nennbaren Eigenschaften einer Individualität sind über-individuell. Die Individualität selbst ist für unser Erkennen ein Formwert, für unser Erleben ein Metaphysisches. Sie prägt sich erst an allgemeinen Inhalten aus. Sie ist nicht auflösbar als das besondere Mischungsverhältnis dieser allgemeinsten Inhalte. Nicht ob einer klug oder wie klug er ist, nicht daß einer schlau und zu gleicher Zeit naiv ist, entscheidet über seine Prägung, sondern von welchem Seelenkern her Klugheit und Schlauheit und Naivität gefärbt werden. Will man diesen individuellen Kern formulieren, so muß man bis zur äußerst abstrakten (da äußerst inhaltsbefreiten) Kennzeichnung seiner Gesetzlichkeit zurückzugehen versuchen. Soweit diese Gesetzlichkeit den Typus angeht, der allerdings die eigentlich tiefste Schicht der Individualität darstellt, ist das Ziel leicht erreichbar. Aber wesentlich für die philosophische Verbegrifflichung einer Individualität sind gerade die Striche im Porträt, die den individuellen Charakter mit seinem individuellen Typus verbinden. Individuell ist der T y p u s, da er von einem Seelenkern aus zwar unendlich viele Leben umfaßt; aber ihren gemeinsamen Rahmen, ihre Substanz doch ganz eindeutig individuell vorzeichnet. So muß eine philosophische Biographie ihre Gestalt in zwei Schichten aufbauen. Zuerst in der Schicht ihres Typus, zuletzt in jener Schicht, in welcher der Typus sein ideelles Dasein an den konkreten Inhalten des Lebens bewährt, und somit durch Verdichtung, Begrenzung, Beschränkung, Konkretisierung zur Individualität wird; die

Individualität ist also die konkrete Gestalt, die sich aus dem Typus durch das Plus der ihn realisierenden spezifischen Inhalte kristallisiert. Die Individualität ist eine qualitativ adäquate, wenn auch selbstverständlich quantitativ nur partielle Konkretisierung des individuellen Typus. Diese „Individualität" ist ein Idealbegriff, kein Seinsbegriff. Das Zufällig-Individuelle, das noch außerhalb der Ausstrahlungsspitzen des Seelenkerns ist, liegt auch außerhalb des Bereiches einer philosophischen Biographie, die es nur mit dem Menschen, soweit seine Idee, seine Entelechie, Wirklichkeit geworden ist, zu tun hat. Je mehr Wirklichkeit eines Lebens im Strahlenbann seines Seelenkerns liegt, um so größer ist die Individualität. Hier ist das einzige Rangordnungsmaß, das die Inkommensurabilität der Individualitäten überwinden kann, das trotz der Unvergleichbarkeit der Individualitäten eine Vergleichung zuläßt.

Jetzt hat es einen Sinn, zu sagen: Strindberg war eine der gewaltigsten Individualitäten. In denkbar weitestem Maße hat er die Wirklichkeit seines Lebens zum Selbst seines Lebens verwandelt, hat er dem in ihm wirkenden Typus Wirklichkeit gegeben. Welches war sein Typus? Welche Wirklichkeit gab er ihm?

Sein Typus ist der tragische Mensch. Seinen Typus zeichnet es, daß er der Passive, Sensible von stärkster Angriffskraft und Robustheit war; daß er, der in seinem Subjekt Befangene und Wirklichkeitsblinde, wiederum eine äußerste Empfänglichkeit für die Impressionen der Wirklichkeit besaß und übersichtig war; daß er, der Bescheidene, Demütige, von einer letzten, hochmütigen Arroganz besessen war. Nicht die Polarität ist hier das Entscheidende, sondern schon die ihr zugrunde liegende Gespaltenheit, Seelenvielheit, deren allerdings klassischster Sonderfall die polare Seelenstruktur ist. Diese Seelenvielfältigkeit, dieses Ineinanderverfilztsein mehrerer Iche in einem Körper ist das entscheidende Signum des tragischen Menschen. Goethe dichtete: „Zwei Seelen wohnen, ach, in meiner Brust." Aber ihm wohnte nur eine Seele innen. Der tragische Mensch wächst dort, wo der Vielspalt ein unüberwindbares Definitivum ist. Noch nicht Schiller, aber schon Hölderlin!

Bevor wir das in konzentrischen Kreisen sich auswirkende Welt-
leben der Individualität Strindbergs beobachten (in den Kapiteln:
Gottsucher; Politiker; Künstler; Mann), wollen wir sie hier in ihrer
dem Begriff noch gerade zugänglichen Nacktheit betrachten, gewissermaßen: bevor sie sich auf die Lebensinhalte und Werkformen
projiziert hat.

Wir empfinden zunächst die höchst gespannte Intensität, mit
der alle Strindbergschen Willensäußerungen geladen sind: Intensität
des Erlebens wie des Reagierens. Kardinäle und formensprengende
Freigeister können sich kaum an lebendiger Intensität diesem Tragiker vergleichen, wenn auch der tragische Mensch zur Intensität
vielleicht besonders prädisponiert ist durch jene Reibung zusammen-
gekoppelter Iche und durch die Siedehitze, die sie hervorruft.
Diese Intensität kommt als etwas Neues, Unableitbares, Konkreti-
sierendes zu seiner tragischen Grundstruktur hinzu. Das ganze
Strindbergsche Leben steht unter einer Druckatmosphäre, die sich
oft nur in Explosionen entladen kann. Ständig sitzt er auf einem
Vulkan. Für ihn gibt es keine petits faits, wie für temperamentlosere
Menschen. Alles erfüllt er mit seiner Explosivkraft. Das ist so
von Kindheit an. Immer ist er päpstlicher als der Papst, weil er
Nachlassen, Erschlaffen, Ermüden, Paktieren, Kompromissieren,
Diplomatisieren, Lavieren nicht kennt, weil er, streng, unzugänglich
für Verendlichungen und Verniedlichungen, der große Anwalt der
Konsequenzen ist. So ist er in seiner Jugend pietistischer als die
Pietisten und gerät zu dem, der ihn bekehrt hat, in Gegensatz,
weil der keinen Sinn zeigt für zwingende Folgerungen, die sich aus
der Lehre für das Leben ergeben. So ist er ein rassereiner Atheist
und vorher ein eifernder Christ, der — obgleich ein junger, sinn-
licher Mensch — nicht die Harmlosigkeit verstehen kann, mit
welcher ein Christus bekennender Freund sich Mädchen aufs Zimmer
nimmt. Die gleiche Intensität entfaltet er, ob es die Durchsetzung
logisch-geistiger oder erlebnishafter Konsequenzen gilt, ob es sich
darum handelt, die Ordnungen der Ideenwelt unter Widerspruch und
Widerstand der Wirklichkeit durchzusetzen, durchzudrücken, sei es

auch um den Preis gröbster Vergewaltigung der Wirklichkeit: oder ob Tatsächlichkeiten keilförmig in die solidesten Ideenbauten eindringen und sie sprengen. Und so mächtig, so brutal ist die Intensität seines Ja und Nein, daß sie ihn, den Schützer und Schirmer und größten Diener der Gerechtigkeit, zur Ungerechtigkeit verführt: zur Ungerechtigkeit sogar gegen sein Selbst, wenn er einen Teilinhalt seiner Vielspältigkeit auf Kosten der anderen verabsolutiert, grausam die sich dagegen erhebenden Instinkte niederkämpfend. So sagt der nach-atheistische Christ: ,,macht man sich wieder ans Christentum, so muß man's ungesäubert nehmen mit Stumpf und Stiel, Dogmen und Wundern; dann nimmt man's in sich auf: unkritisch, naiv, in großen Zügen, damit geht es hinunter wie Rizinus in heißem Kaffee. Mund öffnen und ein Auge schließen. Das ist die einzige Art." Credo quia absurdum! Das Pseudo-Credo des tragischen Menschen! Und wie er mit dieser in ihm aufgespeicherten ungeheuren Dynamik bejahte, so verneinte er auch; verneinte sein Teil-Selbst mit ungeschlachter Gewalt, wenn er zur Thronerhebung dieses Rizinuschristentums Sätze proklamiert wie: ,,Alle Atheisten sind Spitzbuben"; die unreinste Wissenschaft ist die Mathematik, sie ist ein Mädchen für alles; wenn er die Zeit des Atheismus seine Treberzeit nennt und die damaligen Kameraden Dungherren, Bohnen, Läusekönige, Äfflinge. Es gibt zwei Formen des Renegatentums. Der Utilitäts-Renegat ist ein Schuft. Strindberg ist Renegat aus innerseelischer Anarchie, weil sein Ich sein moi haissable verdammt. Und diese Intensität entlädt sich nicht nur nach innen: der ,,Vater" wirft seiner Frau die brennende Lampe an den Kopf.

Strindberg läßt sich nicht von momentanen sich durchkreuzenden Stimmungen und Strebungen hin- und herwerfen. Jedes tiefere Erlebnis nimmt er nicht als eine vom Schicksal gegebene Erfahrung, die dann nach dem psychologischen Gewohnheitsgesetz in ihm versickert, sondern er füllt es mit intensivster Lebendigkeit und läßt es nun ableben nach dem spezifischen Gesetze seiner Seele. So werden bei ihm Erlebnisse Taten. Er glaubt eine Kellnerin

beleidigt zu haben, während sie das ihr gewidmete anzügliche Gedicht
nur mit äußerlicher Gebärde abgewehrt hat. Er, der schon das
Souper hat decken lassen, der schon in freudiger Erregung kom-
mender Stunden ist, trägt nun ganz dieses Keimerlebnis der Be-
leidigung gegen eine geliebte Frau aus. Er versteckt sich voll Scham
im Wald, und wie sie ihn auch lockend zum Souper ladet: seine
intensive Kraft trägt diese Pseudobeleidigung voll aus — und
gebärt eine lebendige Tragödie, während die Kellnerin lachend ge-
steht, daß ihr dies Gedicht sehr imponiert hat. Diese Umwandlung
des Erlebens in ein Tun, wobei nicht nur das Erleben das Tun
kausal bestimmt, sondern schon sofort als tätiges Erleben unter
der Strenge eines Postulats abläuft, ist die höchste Äußerungsform seiner Intensität. Was sich in diesem frühen Erlebnis an-
deutet, determiniert sein ganzes Liebesleben: es erhält seinen
explosiven Charakter, weil er auch hier Konsequenzen lebt, weil
er auch hier nicht Glück und Erfolg steuern läßt, die allein um die
Klippen der Katastrophen herumfinden. Nie gefährdet ihn vor
allem eine mißliche Konstellation der Objekte, auch nicht allein
seine zu tragischen Pointierungen immer hindrängende Seele: denn
daß die stumpfe Wirklichkeit diese Pointierungen nicht abstumpfen
kann, daß sie die Seele nicht veranlassen kann, ihr tragisches Eigen-
leben aufzugeben, um mit ihr im Bunde aus dem unendlichen
Leben herauszufischen, was es an Glücksmöglichkeiten ihm bietet;
daß in ihm der Wille lebendig bleibt, der zu seinem Glück will
über tausend verschleuderte Glücksmomente hinaus: das wahrlich
ist Macht und Erfolg einer Intensität, gewaltiger, mächtiger, impo-
santer noch als jene, die Pyramiden türmte oder Erdteile eroberte.

Diese Intensität bestimmt auch das Verhältnis seines Lebens
zu seinen Werken. Das Wertverhältnis von Leben und Werk ist
nicht für jedes Leben gleich; vielmehr hängt es davon ab, wo sich
das Wesentliche der Persönlichkeit stärker und klarer ausgedrückt
hat. Im Leben wird das Ephemere des Individuums die Reinheit
der Selbstdarstellung zu oft trüben; das Individuum wird sich
von unterindividuellen Gesetzen zu oft beugen lassen, als da sind:

leibliche Notdurft, Egoismen aller Art, das Trägheitsgesetz, verkörpert durch Faulheit oder Widerstandslosigkeit gegen Massen-
einflüsse. Demgegenüber sind die Stunden des Schaffens gekenn-
zeichnet durch Geschütztheit gegen alle Einflüsse aus der niederen
Seelensphäre, so daß unbehindert heraustreten kann, was an Wert
im Individuum ruht. So scheint sich oft ein Zwiespalt aufzutun
zwischen der Verkündigung und dem Dasein eines Menschen; ein
Zwiespalt, den man gern allzu töricht mit den Namen der Heuchelei,
Scheinheiligkeit, Lüge ausfüllt, und der doch anzeigt, daß die
lebendigsten innerlichsten, wertvollsten Quellen nur in Stunden
des Schaffens fließen, und daß diese Flut der heiligen Stunde dann
von Gesetzen fremder Art (Kunstgesetzen; Begriffsgesetzen) kanali-
siert worden ist. Nun gibt es aber eine Stärke der seelischen Flut,
eine Erlebnisintensität, bei der eine Transposition des Realerlebnisses
in die Sphäre der idealen Gesetzlichkeiten nicht mehr möglich ist,
weil die Intensität sich nicht mehr einfangen und dienstbar machen
läßt, sondern — vom Werkmenschen her gesehen — gewissermaßen
zwecklos verpuffen muß. Es gibt ein seelisches Minimum und
Maximum der Werkwerdung eines Erlebnisses: unter diesem Minimum muß das Erlebnis aus Mangel, über diesem Maximum aus
Überfluß dem lebendigen Tage überantwortet werden, wobei Minimum und Maximum immer noch eine Funktion des bestimmten
Werkbegriffs sind, der, um Pole zu kennzeichnen, ein anderer etwa
bei dem jungen und ein anderer bei dem alten Goethe ist. Zu
dem Typus derer, deren Lebensdynamik so stark ist, daß sie aller
Einschließungen in objektive Gebilde der Idealsphäre zu spotten
scheint und so nicht innerhalb der körperlichen Epidermis verpufft
(wie es zum größeren Teil noch bei Hebbel war) oder mit der Zer-
reißung dieser Epidermis sich aufbraucht (wie bei Kleist und Büchner), sondern durch die Haut lebenskräftig durchschlägt in die
Realität hinaus: zu diesem Typus gehört August Strindberg. Er, der
seit dem Jahre 1878 jährlich mindestens ein Werk, oft aber mehrere
Werke herausbringt, und der im Jahrfünft nach der Inferno-Krisis
etwa 20 Dichtungen schreibt, setzt während der Jahre 1892 bis 1897

mit der Produktion vollständig aus, weil das Werk zu eng wird
für die Revolutionen seiner Seele; weil sich die Erlebnisse seines
Lebens nicht mehr ins Unwirkliche, ins Wirkungslose ableiten
lassen; weil seine religiöse Krisis zu vehement für werkhafte Abstraktion ist. Und vielleicht hat sich deshalb aus seiner religiösen
Krisis ebenso wenig wie aus der lutherischen ein reines Resultat
herauskristallisiert, weil sie — verglichen mit einer Transposition
in die Idealsphäre — zu eng verfilzt gewesen ist mit tausend
Lebenszufälligkeiten. Die alte Antimonie von Leben und Werk:
daß in jenem die Idee getrübt, in diesem steif, unlebendig, unwirk-
sam wird: zeigt sich hier abermals. Dieses Expandieren des Seelischen
über die Innerlichkeit und die ideale Sphäre hinaus ist eine Urtat-
sache in Strindbergs Leben: mit ihr hängen entscheidende Wirrungen
seiner Lebenskurve zusammen. Die absolute Scheidung von objektiver Realität und subjektiver Idealität ist aufgehoben, und das
Subjekt erlebt sich in seinen Phantasien als nicht mehr streng
abscheidbar von einer objektiven Welt. Strindberg kann, durch die
Untreue einer Frau gereizt, glauben, er kämpfe gegen eine böse
Macht. Er kann — in seelischem Aufruhr — in den Wald stürzen,
aus Reisighaufen einen spitzen Ast wählen, Zweige niederschlagen,
Bergfelsen wie eine feindliche Burg stürmen, auf eine zerzauste
Kiefer klettern und nun mit einer Schleuder eine Gruppe von
Fichtenstämmen bombardieren, die seinem seelischen Postulat eines
Feindes herhalten müssen. Strindberg ist nicht verrückt. Er muß
sich nur Selbstverständliches erst als Ziel nehmen: das Leben für
sich und das Dichten für sich. Wenn sich andere schöpferische
Menschen in Kunst und Philosophie das absolute Reich ihres
Traumes erbauen, so negieren auch sie die Wirklichkeit, aber da
sie in zwei Welten leben, sind sie der Wirklichkeit in traumlosen Stunden traumlos verhaftet; und ein Tolstoi negiert die
Welt, indem er traumhaft seine Seele in ein Ideenreich hinein-
strömen läßt, daneben die Welt aber traumlos bekämpft. Der
Strindberg-Mensch (wir reden jetzt nicht von der ganzen Breite
seiner Auswirkung — auch Strindberg war revolutionär wie Tolstoi

— sondern nur von den Ausstrahlungen e i n e r Grundtatsache seines Lebens) kennt dies dualistische Verhalten der Wirklichkeit gegenüber nicht, sondern hat die Realität in seine Phantasie mit einbezogen. So hat er auch keine traumlosen Stunden. Das ist sein Inferno, da sein Traum immer die intensivste Aktivität seiner Seele ist. Der Strindberg-Mensch lebt nicht, indem die Stunden dichterischer Ekstase Inseln im Ablauf der Tage bilden, sondern sein Leben vollzieht sich schon unter Werkgesetzen, unter dem Gesetze der Wesentlichkeit. Er hat keinen Sonntag — weil er keinen Alltag hat. So hat er Stunden, in denen er ein lyrisches Gedicht lebt; Stunden, in denen eine Idee in seinem Leben ihre Schlußfolgerungen zieht. So ist sein Leben Abbild seiner Seele und bedarf keiner Verdichtung mehr. Dies Leben ist oft dichter als seine Werke: Dichter seiner Werke. In Strindbergs Dasein nimmt die Kunst diese Stellung ein: Selbstbiographie zu sein. Sie soll nicht ein Leben zu seiner Essenz bringen — das ist hier nicht mehr nötig: sie soll ein Leben abschreiben und aufbewahren. Denn die Quellen seiner Seele werden nicht abgeleitet ins Werk, sondern sie strömen e i n ins reale Leben und erst auf diesem Umwege in sein Werk. Nur dort, wo Erlebnisse rein innerseelische bleiben, wird — durch den Gegendruck der seelischen Epidermis gegen die innere Dynamik — das Werk geballt. Bei Strindberg ist aber diese innere Dynamik übermächtig; die Epidermis reißt und kann nicht mehr den zur Werkwerdung nötigen Gegendruck ausüben. Daher auch die lockere Gefügtheit seiner meisten Dichtungen. Die seelische Spannung entlädt sich in die objektive Welt; nicht, oder doch nur sehr mittelbar, ins Werk. Solche übermächtigen Entladungen haben wir vor uns, wenn er etwa als Zwanzigjähriger bei der Premiere seines Erstlings von Scham und Reue über seine seelische Selbstprostituierung so ergriffen ist, daß er —nun nicht ein neues Drama über dies Thema schreibt —, sondern Stück und Freunde verläßt und, ohne den Schluß abzuwarten, davonläuft und einsam im Dunkeln herumirrt, während ihn die begeisterten Freunde suchen; oder wenn die Sehnsucht, die geliebte Frau wiederzusehen, ihn dazu treibt, eine

Lungenentzündung zu provozieren, um sie so an sein Krankenbett zu ziehen; oder wenn er später dieselbe Frau, „um sie wie eine Katze zu ertränken", ans Ufer des Flusses schleppt: hier überall offenbart sich die gleiche Gesetzlichkeit: die Erlebnisintensität ist so ungemein, daß sie ohne weiteres die Scheidewand zwischen subjektiver und objektiver Welt durchschlägt.

Und diese Intensität erhält nun ihre erhöhte Treibkraft dadurch, daß sie nicht in eine eindeutig gerichtete Seele einströmt, sondern daß sie ja und nein, schwarz und weiß mit gleicher Wucht akzentuiert. Die Verbindung dieser Vielspältigkeit und dieser Intensität ist das charakteristische Signum des Typus, dem er angehört: es ist das Signum des undogmatischen Dogmatikers, der jede Stufe verabsolutiert, und der auf keiner Stufe endgültig bleibt. Strindberg wäre wirklich als Gläubiger der siebente Gregor oder der dritte Innozenz, als Ungläubiger der dritte Richard oder Napoleon geworden.

Welche Sondertendenzen seiner Seele artikulieren diese Intensität? Welche Seelen kämpfen gegeneinander in seiner Seele? Leidend ist er allen Erlebnissen und Welteindrücken ausgeliefert. In ihm ist das Bedürfnis, sich anzulehnen und auszuruhen. So erlebt er sich zeit seines Lebens unter dem Symbol des müden Kindes; die Mutter wird ihm der Inbegriff aller Kraft und allen Haltes. „Diese Sehnsucht nach der Mutter begleitete ihn durchs ganze Leben. War er zu früh zur Welt gekommen? War er nicht ausgetragen worden? Was hielt ihn so mit der Mutter verbunden?.. er wurde nie er selbst, nie ein abgeschlossenes Individuum. Er blieb eine Mistel, die nicht wachsen konnte, ohne von einem Baum getragen zu werden; er wurde eine Kletterpflanze, die eine Stütze suchen mußte ... er kam erschrocken zur Welt und lebte in einem beständigen Schreck vor Leben und Menschen ... er gehorchte im allgemeinen gern und wollte niemals sich aufspielen oder befehlen ... er besaß keine genügend starke Persönlichkeit, um für sich gehen zu können ... Aphasie begleitete ihn lange durchs Leben ... das Gefühl, auf langen Märschen im Trupp zu gehen, hatte etwas Be-

ruhigendes für ihn. Er war nicht zum Befehlen geboren und gehorchte
gern, wenn er nur nicht Übermut im Befehlen merkte. Er sehnte
sich nicht danach, Korporal zu werden; dann mußte er für die anderen
denken und, was schlimmer war, befehlen. Er blieb Sklave aus
Natur und Neigung, empfand aber die Unbefugtheit des Tyrannen
und bewachte ihn genau ... von dem, dem er seine Ergebenheit
einmal geschenkt hatte, konnte sich Johann treten lassen!" In
dieser scharfen Selbstcharakteristik wird Strindberg sich deutlich
der Passivität seiner Natur bewußt.

Diese Hingegebenheit ist nun mit einer äußerst empfindlichen
Sensibilität verbunden. Der Hang, bestimmt zu werden, verknüpft
sich also mit einer recht weitgehenden, in ihm angelegten Möglichkeit des Bestimmtwerdens. Die Sensibilität wird durch die Passivität
seiner Natur noch verstärkt; und überhaupt besteht zwischen beiden
eine gewisse, wenn auch nicht notwendige Affinität. Bei einem
Menschen, der die meisten Brücken zur Umgebung abgebrochen
hat und gleichsam isoliert dasteht, tritt die sensible Funktion
weniger in Kraft als bei dem, zu welchem die Welt nicht nur leichten
Eingang findet, sondern noch besonders eingeladen wird, indem er
sich eng an sie attachiert. Merkwürdig, daß in Strindbergs Seele
nie Kompensierung der Seelenelemente, sondern immer Verstärkung
stattfindet; auch diese Eigentümlichkeit trägt dazu bei, die explosive
Tendenz in ihm zu kräftigen. Strindbergs Sensibilität ist zunächst
physisch; eine Sensibilität des Auges, des Ohrs, des Geruchs. Die
heftigsten Abneigungen befallen ihn bei der geringsten Störung
seines differenzierten Sinnenorganismus! Ein Erlebnis des Zehnjährigen beleuchtet dies schon grell: eines Sonntags kommt er
mit einem schwarzhaarigen, tückisch aussehenden Jungen zusammen. Er läuft bei seinem Anblick fort, weil ihn das Äußere ab-
stößt, und versteckt sich auf dem Heuboden. Man sucht ihn zu
begütigen. Nichts fruchtet. Und er kommt erst wieder aus seinem
Versteck, als der Junge abgefahren ist. Beim reifen Manne wird
das schließlich zur Wertbetontheit eines jeden Dinges. ,,Ein schlechter
Morgenkaffee konnte ihn viele Stunden verstimmen; eine schlecht

gestrichene Billardkugel und ein unsauberes Queue konnten ihn veranlassen, umzukehren und ein anderes Lokal aufzusuchen; ein nachlässig angetrocknetes Glas erregte seinen Ekel, und er nahm den Geruch von Menschen an einer Zeitung wahr, die ein anderer gelesen hatte; er konnte auf einem fremden Möbelstück Menschenschweiß auf der Politur sehen und öffnete stets das Fenster, wenn ein Mädchen das Zimmer aufgeräumt hatte." Schließlich werden ihm die toten Gegenstände nicht nur physisches, sondern sogar seelisches Erlebnis (Abwehrerlebnis!), da sie geschwängert sind mit der seelischen Atmosphäre ihrer menschlichen Umgebung; deshalb sind ihm Wohnungsumzüge mit ihrem notwendigen Zurschaustellen von Möbeln und Hausgerät auf dem Trottoir immer unheimlich und peinlich gewesen als Prostituierung der Eingeweide obdachloser Menschen. Positiv und fruchtbar wird diese Sensibilität seiner stark differenzierten Sinne in seiner Kunst, in welcher er mit manchem seiner Werke einer der Fürsten des impressionistischen Realismus geworden ist. Denn, reagiert er schon auf tote Gegenstände, so noch viel mehr auf die lebendige Natur und den Menschen. Man muß daran denken, was Venedig oder das Ober-Engadin für Nietzsche bedeutet haben, wenn man sieht, daß Strindberg Landschaften als Persönlichkeiten, als Welten erlebt: „er empfand ein Entsetzen davor, Orte zu sehen, wo er gelitten hatte; so abhängig war er von dem Milieu, in dem er sich bewegte." Es ist ein Hauptmotiv der schweren Krisis seiner Upsalaer Studententage, daß er unter der Landschaft von Upsala leidet und eine Art Heimweh „nach seiner eigenen Landschaft" hat. Am stärksten gefährdet ihn, den Sensiblen, jedoch der Mensch. Vom toten Ding und der Natur kann man sich schneller trennen als vom Menschen. Und nie kann ein totes Ding und Natur so häßlich sein wie der Mensch. Und nie kann Ding und Natur leiden; das Mitleid ist die große Verletzung, mit der nur der Mensch den Menschen affiziert. Mitleid und Haß: von beiden Erlebnissen wird Strindberg ständig aufgewühlt, da eben — dank seiner Sensibilität — sein Inneres eine freie Passage ist, durch die sich ein Menschengewühl wälzt. Seine

Nerven scheinen mit den Nerven und seine Seele mit der Seele der ganzen Natur und der Menschheit verflochten zu sein. Jede Störung noch an irgendeinem entferntesten Punkte außer ihm pflanzt das Leiderlebnis bis zu ihm fort, und auch der Haß ist (trotz seiner angreiferischen und aktiven Oberflächenerscheinung) ein Affiziertwerden. Durch Indras Tochter sagt er: ,,ich habe alle eure Leiden gelitten, aber hundertfältig; denn meine Wahrnehmungen waren feiner". Seine Sensibilität wird gerade darin von schicksalsbedeutender Kraft für ihn, daß er den nächsten Kreis seiner Umwelt fast v ö l l i g in sein Ich hineinzieht und so dem Leiden eine Angriffsfläche von ungeheurer Dimension darbietet: ,,es war ein eigentümlicher Zug, daß er sich mit anderen identifizierte, im Namen anderer litt, sich schämte". Die Familie ist ihm eine unantastbare Einheit. Das prägt sich in manchem seiner Schicksale aus; sowohl damals, als er noch i n einer Familie war, als auch später, da er selbst eine Familie hatte. Niemals konnte er sehen, ,,daß einer von seinem Blute Schläge bekam oder sonst zu leiden hatte, ohne es in seinen Nerven zu fühlen". Ein Hauptmotiv für seine kulturpolitischen Kämpfe ist diese Sensibilität für das Leiden anderer, sein Mitleid. Er war nur bisweilen Politiker aus Rationalismus und immer Politiker aus Affekt.

Aber neben dem Revolutionär aus Mitleid steht der machiavellistische Antirevolutionär. Und hier erkennen wir diese Sensibilität als Brutherd für Antinomien, als Symptom des tragischen Menschen. Denn sie ist es doch, welche die Objektivität (wie durch ein Brennglas) konzentriert in die menschliche Seele eintreten läßt. Was aber draußen in der Weite des Raumes ungestört nebeneinander liegen kann, reibt sich in der inneren Enge. Daß der Mensch bemitleidbar und zugleich zu hassen ist: das konnte erst dort zur tragischen Antinomie werden, wo eine zarteste Sensibilität von dieser objektiven Antinomie keine Seite verhüllt ließ. Strindberg, der Mitleidende bis zum eigenen Vergessen, ist ein Hasser sondergleichen. Die Größe des Hasses entspricht der Intensivität seiner Sensibilität: ,,da meine Gedanken nicht mit denen eines andern im Gespann

gehen, werde ich von fast allem verletzt, was man sagt, und ein un-
schuldiges Wort kann ich oft als einen Hohn empfinden." Diese
enge Verbundenheit mit der Umwelt, die seine Sensibilität herstellte,
ist um so entscheidender, als nicht nur die Angriffsfläche der Störung
so weit über sein Ich hinaus erweitert wird, sondern als auch die
Gefahr einer inneren Disharmonie wächst mit der Unmöglichkeit,
zwischen sich und Umwelt scharf zu trennen, der äußersten Konsequenz einer äußersten Sensibilität. In dieser Tatsache des Nicht-
übersehenkönnens, des Überwältigtwerdens durch die Impressionen
der Wirklichkeit in Verbindung mit der leichten Verwundbarkeit
(„Sein Gedankenmechanismus litt unter der Berührung mit anderen")
werden wir später einen der entscheidenden Faktoren seiner Ehetragödie erkennen.

Ebenso wie er, der Sensible, sein Ich r ä u m l i c h über Mensch,
Natur und Ding ausdehnen muß, so reißt er auch alle Zeiten in
sich hinein. Er erleidet nicht nur die Gegenwart, er erleidet gegenwärtig auch die Vergangenheit, seine Vergangenheit. Daß er nicht
vergessen kann, wie er nicht übersehen kann, das ist ein neuer
Ausdruck seiner Sensibilität. In unendlich vielen Werken tritt
jene Situation auf, die bei ihm schon stereotyp geworden zu sein
scheint: daß das Erlebnis eines oft geringfügigen Unrechts das
ganze Leben bestimmt, weil es nicht vergessen werden kann. Und
das Nicht-Vergessen-Können erstreckt sich schließlich über seine
gesamte seelisch-geistige Entwicklung. Er, der so viele Wendungen
in seiner Lebenslinie gehabt hat, hätte sie nur überwinden können,
wenn er sie als abgelebte Entwicklungsstufen vergessen hätte.
Aber bei ihm, dem Tragiker aus Vielspältigkeit, steht nicht nur
momentanes Ich gegen momentanes Ich, sondern auch Gegenwarts-
Ich gegen Vergangenheits-Ich, indem er der Vergangenheit die
Dignität der Gegenwart verleiht. Auch dies Schicksal teilt er
mit Nietzsche, daß er nie (wie etwa Goethe oder Fichte oder Friedrich
der Große) eine Lebensform als Vergangenheit zurückläßt, so wie
die Blüte das Keimstadium oder die Frucht die Periode des Blühens
zurückläßt. Er kann nicht vergessen. Verspottet er — etwa als Chri-

stianus redivivus — eine vergangene Lebensstufe, so ist das die Hülle,
unter welcher er ein von der Regierung ab- und zur Opposition
hingedrängtes Teil-Ich vergewaltigen will.

Und schon droht seine Sensibilität, ihn ins Chaos zu stürzen.
Er, der Übersichtige, der fein Organisierte, der mimosenhaft Emp-
findliche, empfindet sich noch als zu grob, als zu erdhaft. Die Sensibilität verneint ihre eigenen Funktionsorgane — aus Sensibilität:
„zu fühlen, wie mein Gesicht durch ein Auge geschwächt, wie mein
Gehör durch ein Ohr abgestumpft wird, wie mein Gedanke, mein
luftiger, lichter Gedanke, an die Labyrinthe der Fettwindungen
gebunden ist. Du hast ja ein Gehirn gesehen — welche Umwege,
welche Schleichwege...“ Zwei Gestalten hat er vor allen geschaffen,
die Zeugnis ablegen von dieser zarten, weichen, schämigen Sensibilität: den jungen Luther und den kleinen Trompeter in „Gustav
Adolf“. Und auch wissenschaftlich-philosophisch ist sie in Erscheinung getreten. Was man für eine geistige Aberratio Strindbergs
gehalten hat: seinen Okkultismus, seinen Hexenglauben, seinen
Verfolgungswahn: dies alles ist die weitere Auswirkung dieser
Sensibilität, durch welche er tatsächlich in weit höherem Grade
als der schwerer erregbare Mensch mit der ganzen Welt in seelischem
Konnex steht: „es gibt Personen, unbekannte, die eine solche
Feindseligkeit ausstrahlen, daß ich aufs andere Trottoir hinüber-
gehe, um ihnen nicht nahe zu kommen, und ich fühle es aus der
Entfernung, wenn jemand an mein Schicksal rührt; wenn Feinde
mein Dasein als Person bedrohen. Aber auch, wenn jemand gut
von mir spricht oder mir Gutes wünscht. Ich fühle es auf der Straße,
ob ich Freund oder Feind treffe; ich habe die Operation eines
mir ziemlich gleichgültigen Menschen durchlitten“. Diese Entgren-
zung seines Ichs tritt in letzter Potenz in seiner „Einsam“-Periode
ein; Freunde, Gespräche, Geschäftigkeit beeinflussen störend den
normalen Kontakt mit dem All. Einsamkeit stellt ihn her. Die
von ihm so oft gesuchte und immer wieder als Heilmittel empfundene
Einsamkeit hat hier ihre tiefste Bedeutung: Schutz für diesen sensiblen, durch Überfülle gefährdeten Impressionisten zu sein, indem

die Überflut der Impressionen eine Weile gedämmt oder wenigstens durch Distanz gedämpft wird. Jedoch nützt die Einsamkeit nur während der Schonungszeit; wer lange in einsamer Stille lebt, weiß es. Strindberg wußte es, daß die Einsamkeit die Sensibilität nicht nur schützt, sondern auch noch steigert. „Die Einsamkeit hat mich so empfindlich gemacht, daß ich die Wirklichkeit nicht ertrage."

In der Verknüpfung seiner Sensibilität mit seiner Passivität steckt ein bedeutender Antagonismus: er muß sich anlehnen, der passiven Natur seines Wesens folgend; aber die dadurch hervorgerufene Intimität mit der Welt bildet eine hohe Gefahr dank seiner Sensibilität, die er schließlich — so sehr entstammte sie seinem Kern — noch zur Gottheit erhöht: wie die, „ein Heiliges, sich in der Menschheit deponiert" hat und leiden muß, „wenn diese Menschheit sich dann besudelt", so muß auch Strindberg alles Leid der Welt mitleiden. Einen konkreten Ausdruck findet seine Sensibilität in der beständigen Sehnsucht nach dem Kloster: in manchem seiner Werke ist es sichtbar da, und wir wissen, daß er am Ende seiner großen Krisis 1897 mit dem Prior von Beuron an der Donau zwecks Eintritt in das dortige Kloster verhandelt hat. Das Kloster war ihm weniger Inbegriff religiöser Kräfte als der Abbruch der Brücke mit den beiden Richtungen: von den Menschen zu ihm und von ihm zu den Menschen. Dann: „keine Feinde mehr! Kein Groll! das ist das Himmelreich!" Aber auch keine Liebe mehr. Keine Gravitation mehr nach einem Außen. Und diese Aussicht war für ihn vielleicht noch seliger.

Nie erfüllte sich diese Klostersehnsucht: die Damaskus-Dichtung hüllt den Unbekannten in das weiße Leichentuch und legt ihn in die Bahre, auf daß er genese von Lärm und Leid. Der Dichter dieser Dichtung schreitet weiter seinen Weg, sogar in eine neue Ehe hinein. Jeder Einsamkeit folgt eine Vielsamkeit: weil die passive Sensibilität konterkariert wird von einer erheblich starken, erheblich unbändigen aktiven Grobkörnigkeit; nicht etwa als Reaktivität, nicht etwa als sekundäres Auftrotzen einer passiven Natur, vom Leiden aufgestachelt zum Widerstand, sondern selbständig,

unableitbar aus der Kernsubstanz entspringend, als Gegenspieler
der entgegengerichteten Tendenz. Diesen Antagonismus stellt auch
Strindberg immer wieder da, charakteristischerweise nie durch zwei,
sondern immer durch eine Gestalt repräsentiert: durch „Meister
Olaf" („ich will mitkämpfen, aber in den letzten Gliedern"); durch
„Luther", durch „Engelbrecht". Vielleicht hat er recht, wenn er
glaubt, daß die Sensibilität in ihm vorwiege: „Sein Charakter
war wie ein schlecht gearbeitetes Kompensationspendel: zu viel
von dem weichen Metall der Mutter, zu wenig von dem harten
des Vaters. Daher Reibungen und ungleichmäßiger Gang. Bald
äußerst gefühlvoll, bald hart und skeptisch." Doch die Angriffskraft ist unableugbar da, immer wieder spüren wir sie: ob er mit
Gott, der Frau, der Gesellschaft oder sich selbst hadert. Und dies
ist abermals eine Antinomie seiner Seele: den nur Sensiblen hätte
man als harmlosen Zärtling in Ruhe gelassen; der vorwiegend
Aktive hat nur eine Verbindung mit den Menschen, auch nur eine
Verbindung vom Teil-Ich zum Teil-Ich: von sich zu ihnen; die
andere Verbindung, die von den anderen zu ihm führt, ist paralysiert. Daß er, der Sensible, aber die Menschen durch Angriff, durch
eine enorme Aktivität, noch reizt, ohne (dank seiner Sensibilität)
die beste Waffe des Angreifers, den Stahlpanzer der Unverletzlich-
keit, zu besitzen: das erst macht ihn zu dem wundenreichen Mann.
Immer ist es interessant, an einer Anekdote der Kinderjahre die entscheidenden seelischen Züge vorgeformt zu finden: eines Tages
spielt der etwa achtjährige mit anderen Jungen in der Kirche,
während sie gelüftet wird. Die Jungen sind wild und ausgelassen.
Der Altar wird gestürmt. Johann läuft durch die ganze Kirche,
immer auf den Kirchenstühlen entlang. Beim Kirchstuhl, der dem
Grafen gehört, tritt er so heftig auf das Gesangbuch-Pult, daß
es zu Boden stürzt. Panik. Alle, außer ihm, laufen aus der Kirche.
Er bleibt allein zurück. Er betet. Plötzlich untersucht er den
Kirchstuhl, untersucht den Mechanismus und bringt ihn in Ordnung, nachdem er seinen Schuh ausgezogen und als Hammer benutzt hat. Das ist die Antwort des Herrschers auf die Anfälle

der Wirklichkeit. Welche Erlebnisse ihn auch immer zu überwältigen drohen, immer ist es eine Untersuchung und ein Hammerschlag, die ihn retten. Er, der sich nicht befreit durch sein Werk
(wie Goethe!), er befreit sich, indem er robust alle Impressionen
und Reflexionen ausschaltet und sich mit furiosem Impetus der
Wirklichkeit bemächtigt. Und an einem Höhepunkte seines Lebens,
in seiner Inferno-Zeit, zeigt sich, was der Willensmensch in ihm
vermag, nachdem es sich schon ein Jahrzehnt vorher an der andern
entscheidenden Wendung seines Lebens gezeigt hatte, als das Bekenntnis zum Atheismus für ihn ein Hammerschlag aus Notwendigkeit geworden war. Wie er sich bezwingt, sich gegen alle in ihm
ruhenden Fährnisse durchsetzt, so bezwingt er auch die Umwelt
und setzt sich gegen sie durch: „Immer habe ich ein Gefühl von
Kampf, Angriff, Feindschaft. Feinde sind wir wohl alle und Freunde
nur, wenn es gilt zusammenzukämpfen . . . Als eine heilige Pflicht
habe ich den Kampf für die Aufrechterhaltung meiner Persönlichkeit betrachtet, ob diese immer gut oder schlecht sein mag." Diese
Persönlichkeit schützt er im Kampf gegen die Menschen; im Kampf
auch gegen die außermenschliche Umwelt. Wie er von der Natur
abhängig ist, so bezwingt er sie wiederum: „er liebte die Natur
als eine Helferin und eine Untergebene, die ihm dienen mußte".
Er gestaltet seinen Organismus aktiv um, macht seinen Empfangsapparat zum Abwehrapparat: „war er auf Reisen und zwang ihn
die Not, dann konnte er gleichsam alle Leitungen von den Sinnes-
werkzeugen zur Auffassung abstellen und machte sich hart gegen
alle Unlustempfindungen"; und er bekennt weiter: „durch Entwicklung eines eigentümlichen Instinkts ist es mir gelungen, mir
eine Art Taucheranzug zu machen, mit dem ich mich in Gesellschaft
der Menschen schütze. Wenn das verletzende Wort oder die beißende
Andeutung losgelassen wird, geht es wohl in mein Ohr, aber der
Empfangsapparat weigert sich, es weiterzuführen. Auf gleiche Art
kann ich mich blind machen, buchstäblich. Ich lösche das Gesicht
dessen aus, der mir unangenehm ist. Es ist notwendig, sich taub
und blind machen zu können, sonst ist es nicht möglich, das Leben

zu leben". So wird seine Devise die des Kapitäns im „Totentanz",
der diese Seelenkräfte konkretisiert: „durchstreichen, weitergehen".
Der sensible Strindberg, der nicht vergessen kann, wird annulliert
von d e m Strindberg, der rigoros seine Vergangenheit für nichtig
erklärt. Der sensible Strindberg, der durch Verflechtung mit der
ganzen Welt auch der Unruhe dieser ganzen Welt ausgesetzt ist,
hat gegen sich den Magier Strindberg, der mittels seiner seelischen
Energie seinem Kinde in Todeskrankheit hilft, und der an die
Möglichkeit des Tothassens — nicht nur des Totgehaßtwerdens —
glaubt. Nie ist die Härte, der Angriff Rachgier oder Böswilligkeit:
immer ist er hart aus Notwendigkeit: es ist die Form, unter welcher
der in ihm ruhende Typus die Wirklichkeit unterjochen muß.

Die tiefste Konsequenz seiner Sensibilität: daß die Impressionen
der Welt ihn überwältigen und vernichten, wird so kompensiert
von der ebenso tiefen und gefahrvollen Konsequenz seiner Anti-
sensibilität: daß er die Impressionen der Wirklichkeit nicht beachtet
und vergewaltigt. Doch haben beide Extreme — obwohl ihr Gegen-
einanderwirken wohl die Vernichtung verhindert — keine mildere
Mitte resultieren lassen, sondern immer schwankt sein Leben von
einer Gefahrzone in die andere. Die der Sensibilität konträre Gefahrzone war der despotische Subjektivismus, welcher der Sensibilität
konträr ist, wenn er sich auch von der Sensibilität dialektisch erreichen läßt; diesem Subjektivismus ist nur das Lebensgesetz der
Individualität unter Außerachtlassung aller außerindividuellen Ge-
schehnisse wichtig; er erkennt — als Expressionist — keine objektive Sondergesetzlichkeit an, sondern ist bestrebt, prinzipiell auch das
Objektivste noch in den Kreis seiner Individualität hineinzureißen.
Nietzsche bildet hier das klassische Beispiel: wenn er Sokrates oder
Kant, Jesus oder Bizet sagt: so sind dies Gegenden seiner subjektiven Welt, die er (gewisser Assoziationen wegen) mit objektiv-
historischem Namen belegt. Auch Strindberg setzt in seltenem
Maße — und dies ist der Kern alles Expressionismus — Eigen-
gesetzlichkeit und Selbständigkeit der objektiven Welt außer Kraft.
Deshalb allein scheitert er in allen Berufen: nicht weil seinem

idealen Flug die organisierte Gesellschaft, die den Raum nicht frei-
gibt, die Flügel zerbricht, sondern weil er von Beginn an gar nicht
auf den Gedanken außerindividueller Notwendigkeitsabläufe kommt.
(Mit ihrer Erkenntnis hätte er sich ihnen auch nicht gebeugt;
aber sie wenigstens benutzt!!) Er geht zum Theater, um Prophet,
zur Presse, um Wahrheitskünder, zur Schule, um Aufklärer zu
sein, und wird überall nach wenigen, aufreibenden Versuchen zer-
mürbt: er lebt, als wäre es ein Axiom, daß seine Idee wirklich wäre.
Woher stammt diese Wirklichkeitsblindheit, die zweifellos bei einem
so sensiblen Menschen aus einer starken Quelle gespeist wird?

Man kann Pessimist und Optimist aus Idealismus sein: je nach
dem, ob man die Diskrepanz zwischen Idee und Wirklichkeit als
endgültig oder als überwindbar erlebt. Der gläubige Mensch wird
immer an die absolute Idealisierbarkeit der Wirklichkeit glauben;
der ungläubige Mensch wird die Idee durch Forterklärung leugnen;
der tragische Mensch wird die Ewigkeit der Disharmonie empfinden.
Strindberg ist pessimistischer Idealist, weil in ihm die tragische
Seele lebt. Und noch sein Subjektivismus ist — eben wie bei
Nietzsche — pessimistischer Idealismus: das Objekt, sinnfremd und
unfähig, Idee zu werden, ist unerträglich. Und das Unerträgliche
ist nicht. Und das Nicht-Seiende wird auch nicht wahrgenommen.
Der despotische Subjektivismus, die forcierte Wirklichkeitsblindheit,
ist die grandiose Antwort des pessimistischen Idealisten an die
Realität. Sein empirisch wahrnehmendes Ich wird ausgeschaltet
von der tiefsten Gesetzlichkeit seines Lebens: deshalb ist dies
Leben auch ein einziger großer Anprall mit der Welt, weil er in
den Ordnungen seines Typus-Ich lebt, und weil diese Ordnungen
mit den Ordnungen der Welt dissonieren, und weil er ferner den
geringsten Kompromiß, die leiseste Retouche, das zarteste An-
gleichen zwischen beiden Ordnungen unnahbar streng ablehnt.

Aber dieser Anprall wäre nicht so gewaltig gewesen, hätte er
ganz Subjektivist sein können, hätte er sich als Romantiker —
als echter Romantiker — seinen abgedichteten Raum schaffen
können. Nicht die Unerbittlichkeit der Welt, er selbst ist sich

da entgegen und bricht mit harter Faust in seine eigene Ich-Welt ein. Selbst in seinen romantischen Dramen, am stärksten im „Glückspeter", ist die Realität in ihrer unerweichbaren Starrheit da. Die selbstgenügsame Romantik ist ihm „Gehirnentzündung". Seine Sensibilität, seine Empfänglichkeit für Realitäten, welche ihm das ewige Begegnen mit dem Objekt garantiert, beschützt ihn vor dieser Gehirnentzündung. Die Wirklichkeit dringt immer wieder in ihn ein und wird ihm Erlebnis. Schon der Knabe hat ein ausgeprägtes Realitätsbewußtsein: „er hatte ein gutes Gedächtnis, lernte ordentlich, am liebsten Wirklichkeiten wie Geographie und Naturwissenschaft". Das Basteln mit Elektrisiermaschinen und alten Apparaten verrät einen auf Wirklichkeitserkenntnis und Wirklichkeitsbewältigung gehenden Trieb. Die Geschichte seiner naturwissenschaftlichen Tätigkeit und die Bedeutung seines künstlerischen Naturalismus deuten in dieselbe Richtung. Und der ethische Realist sagt als Fünfzehnjähriger: „ich lasse Moral fallen, wenn ich berühmt werde". Diese Selbstentzweiung, dieses Gegeneinander eines subjektividealistischen Ich und eines impressionistisch-realistischen Ich, bildet eine fundamentale seelische Antinomie, und zwar scheint der Realist immer der angreifende Teil gewesen zu sein: „er hatte Pathos, aber nur für eine Weile; dann kam die Selbstkritik, und er lachte über seine übertriebenen Gefühle". Immer wieder erweist sich das Leiden seines Lebens darin, daß er weder eins noch das andere ausschließlich sein kann: weder Realist, der die Impressionen an keiner Idee zu messen braucht, noch absoluter Idealist, der die Wirklichkeit dank seiner Ich-Gläubigkeit ganz außer Kraft setzen kann: der Subjektivist wäre in weitestem Maße gegen die Wirklichkeit geschützt gewesen, hätte er nicht in sich selbst den Realisten gehabt. Und auch dann noch wäre diese Antinomie nicht zu jener katastrophalen Menschentragödie aufgebrochen, hätte nicht diese geniale Intensität, Herbheit, Unversöhnlichkeit, diese großartige Unbeirrtheit, welche das Leben als unbeschreiblich häßlich erkennt, und doch es für seine schreckliche Pflicht hält, wahr zu sein, nicht jeder der polaren Tendenzen ihren Richtungswillen gesteift.

So gibt es kein Verschütten, kein Überbrücken der Kluft; so gibt es kein weiches Ineinanderschwimmenlassen hart getrennter und sich gegenseitig gefährdender Seelen. Der subjektive Idealist sieht die Wirklichkeit um, sieht das Ideal in die Wirklichkeit hinein; dann kommt der Realist und läßt die Wirklichkeit gegen ihr stilisiertes Schema revoltieren. Die Komposition seiner Geschichtsdramen zeigt diesen Prozeß vielleicht doppelt deutlich im Werk: die große geschichtliche Wirklichkeit ist ins Strindbergsche Ich transponiert: dann aber läuft die Realität der Tatsachen so ab, als wenn sie von keinem Ich überformt worden wäre. Und dieselbe polare Oszillation zeigt sich noch einmal an seinem Wechsel von Flucht von den Menschen fort zur Flucht zu den Menschen hin: „wenn er einige Zeit im Gewimmel gewesen war, zog er sich in die Einsamkeit zurück". In dieser Einsamkeit aber fühlt er: „dieses inwendige Leben, wie lebendig es auch ist, läßt mich zuweilen die Wirklichkeit vermissen; denn meine Sinne, die unbenutzt daliegen, verlangen nach Gebrauch". Diesen Zwang zur Realität erlebt er als sein eigentliches Unglück, diese unabwendbare Nötigung zur Realität, dieses in ihm angelegte unbestechliche und überscharfe Realitätsbewußtsein ist auch sein Unglück geworden (wie wir vor allem im Kapitel: „Der Mann" erkennen werden). „Ich kann das Häßliche nicht als etwas Schönes sehen": diese Worte markieren bei einem, der, ohne sich auf einen Handel einzulassen, absolute Schönheit fordert, den ganzen Umfang der Tragödie. Strindberg erlebt es als ein Aufhören des lebendigen Dichtens, wenn die Wirklichkeit plötzlich in ihrer ganzen unvollkommenen Nacktheit ihre Existenz unüberhörbar betont: aber immer wieder wird Strindberg, der Sensible, vom aktiven Subjektivisten überwunden, immer wieder kann der Realist den Platoniker beunruhigen, um sein Lebensglück bringen, aber er ist und bleibt doch nur die Gärung in ihm. So kann der künstlerische Realismus sich zwar einige Werke erobern, wird aber doch bald unter der Macht seiner Gegen-Seele ins Visionäre umgebogen. Als der Platoniker mit seinem Erzfeind eine Seele zeugte, entstand der tragische Mensch.

Antinomisch struktiert, wie sein Willens- und Vorstellungs-
leben, ist auch sein Empfindungsleben. Bezeichnend hierfür ist es,
wie Strindberg sein Ich der Welt gegenüber betont. Er ist zugleich
der Hochmütigste und der Bescheidenste, der Selbstbewußteste und
der Demütigste, der Arroganteste und der Rücksichtsvollste. In
dem historischen Bekenntnisdrama „Luther" lebt er seinen ganzen
Ich-Stolz aus: es ist das Herrengefühl, Diener der Idee zu sein
und aus eigener Kraft abzubrennen. Er, welcher „von klein
auf an den Glauben gewöhnt war, daß alle andern Menschen vor-
trefflich seien, er selbst aber schlecht", dessen „erste Empfindungen
Furcht und Hunger" waren, der am Ende seines Lebens mit seltener
und verräterischer Eindringlichkeit den Wert des kleinbürgerlichen
Daseins betont, der oft von einer demütigen Kleingläubigkeit war —
dieser Zurückhaltende war zugleich von einer Arroganz, oft sogar
von einem metaphysischen Hochmut besessen — und: „was wäre
Luther ohne seinen Hochmut". — Strindberg fühlte sich bald als
kleinstes Rädchen, bald als Herrn der Welt.

Es war sein Schicksal, keine Heimat zu haben, weil er im
rauhen und im heißen Klima, im Berg und an der See, in der Stadt
und auf dem Land beheimatet war: und weil doch rauh und heiß,
Berg und See, Stadt und Land insgesamt keine Landschaft, sondern
ein Chaos sind.

Drittes Kapitel.

Gottsucher.

Gottsucher.

Motto: „Seit meiner Kindheit habe ich Gott
gesucht.“   (Inferno.)

Eine Seele offenbart sich am eindeutigsten in ihrem Gotteserlebnis; in allen Erlebnissen irdischer Provenienz offenbart sich
nur ein Teil der Seele: im Gotteserlebnis (zu dem der Gottesbegriff
nur das logische, oft durchaus inadäquate Korrelat ist) erleben sich
alle irdischen Einzelerlebnisse in ihrer Einheit, in ihrer, sie über-
deckenden Gebundenheit. Und alle Einzelerlebnisse sind auch aus
ihm ableitbar in ihrem Lebensgefühl. So impliziert prinzipiell
jedes Gotteserlebnis alle nur möglichen Teilerlebnisse; ebenso wie
jedem bestimmten Teilerlebnis ein bestimmtes Gotteserlebnis a priori
zugrunde liegt. In allen einzelnen Welterlebnissen, sei es nun dieses
Staats- oder jenes Liebeserlebnis, dieses Freundschafts- oder jenes
Gerechtigkeitserlebnis, stecken auch Gesetzlichkeiten, welche der
objektiven Welt angehören (Gesetzlichkeiten etwa physiologischer
oder soziologischer Art): im wahren Gotteserlebnis allein schwingt
eine Seele ganz rein aus und erlebt sich in ihrer integren Gesetzlichkeit und Absolutheit; denn der „Gegenstand“ stellt hier nicht einmal
ein Minimum von Tatsächlichkeit dar, weil er überempirisch ist.
Menschen einer starken seelischen Dynamik werden immer —
und seien sie auch in einem noch so religionslosen Zeitalter geboren
— über alle Erlebnisse, die sich an Einzelheiten der Welt entzünden,
hinausstreben zu jenem großen Allerlebnis, in dem allein die Seele
sich in ihrer ungeheuren Universalität und damit zugleich in ihrer
unüberwindbaren Endlichkeit erlebt: zum Gotteserlebnis.

Eine seelische Urkraft wie Strindberg konnte dieses umfassendste
Erlebnis aber nicht in einen Gottesbeweis oder ein lyrisches Gedicht

oder eine Staatsutopie einsperren, und so rang er denn mit Gott nach dem Intensitätsgesetze seiner Individualität, das immer den stärksten, nicht den sublimiertesten Ausdruck suchte; er rang als leiblich-seelisches Wesen mit einem Unsichtbaren auf den Straßen Schwedens und in den Hotelzimmern von Paris: „der Unbekannte ist mir eine persönliche Bekanntschaft geworden". Und nicht ein künstlerisch symbolisierendes Werk (mit gutem Grund mißlang „Jakob Ring") oder ein philosophisches System — denn seine Religion war „eher ein Zustand der Seele als eine auf Lehren begründete Ansicht" — ist Niederschlag seines Kampfes, sondern vor allem der fast tagebuchartig nüchtern geführte Bericht des „Inferno". So gilt — wir haben diese Äußerung des Gesetzes der Intensität schon erkannt — auch für diesen Kampf gegen Gott, was sich nachher noch weiter in seinem Kampf gegen die Gesellschaft und seinem Kampf gegen die Frau wiederholt: der Kampf ist kein innerseelischer, der von innen dann ins Werk transponiert wird; sondern von innen wird der Schauplatz des Kampfes unmittelbar in die objektive Wirklichkeit verlegt und erst über diesen Umweg gelangt die Seele zum Werk (dieser Prozeß wird uns auch manche artistischen Unvollkommenheiten dieses Werkes erklären). Die Geschichte seiner Gottsucherschaft ist nun nicht eine Partialentwicklung innerhalb seines Lebens, sondern die Leitlinie, welche die Kurve dieses Lebens selbst bestimmt. Wir wollen nicht jedesmal von jedem zentralen Gotteserlebnis den Umkreis aller diesem immanenten und von Strindberg realisierten Erlebnisse, die sich auf Teilinhalte der Welt beziehen, bis zur Peripherie restlos durchschreiten (das verlangte allerdings eine erschöpfende philosophische Biographie); aber die wesentlichsten dieser Partialerlebnisse (sein Erlebnis der Frau, seines Künstlertums, der menschlichen Gemeinschaft) sollen besonders und parallel zu der Geschichte seiner Gottsucherschaft charakterisiert werden. Diese jedoch stellt den innersten Lebenskreis dar.

Ist es notwendig, Strindbergs religiöses Leben als Entwicklung darzustellen? Beim Überblick über den gesamten Lebensablauf zeigt

sich, daß in dieser Epoche dieses, in jener Epoche jenes Gotteserlebnis und jene Ausdeutung überwiegt: abhängig davon, was
gerade Zeitströmung oder privates Erlebnis von dieser Seele ent-
hüllen. Der zeitliche Ablauf der religiösen Phasen ist zufällig,
das heißt, teilweise in der objektiven Welt begründet, deren Auf-
treffen auf die Seele in diesem oder jenem Momente mit diesem
oder jenem seiner Elemente für uns Zufall ist. Die metaphysische
Notwendigkeit dieser Seele liegt so erst in der Gesamtheit aller
ihrer Phasen, nicht aber in dieser individuellen Abfolge. D i e
A n t w o r t , welche die Seele auf den Anruf der Wirklichkeit gibt,
ist mehr als wirklich: ist metaphysisch notwendig; wann aber die
Wirklichkeit diese, wann jene Antwort herauslockt, ist gleichgültig.
Wenn in den ersten seligen Monaten seiner Ehe mit Siri von Essen
plötzlich eine romantisch-gläubige Epoche den skeptisch-ironischen
Pessimismus ablöst, und so auf den Roman das „Rote Zimmer"
Dramen wie „Frau Margit" und „Das Geheimnis der Gilde" folgen;
wenn später das Stadium seines realistischen Lebensgefühls von
einer neuen Religiosität abgelöst wird, wesentlich veranlaßt wohl
auch durch das Erwachen der okkultistisch-theosophischen Strö-
mung jener Zeit und durch die allgemeine Erkenntnis des Bankrotts
der Wissenschaft; und wenn ihm durch sein Kind aus zweiter Ehe
der katholische Kult nahegebracht wird: so schränkt die Erkenntnis
dieser Schicksale zwar den Glauben an eine überzufällige Notwendigkeit gerade dieser Entwicklung ein, verkümmert aber andererseits
den Anteil der Seele nicht etwa deshalb, weil anscheinend die Offenbarungen seiner Seele erst durch Zufälligkeiten der Außenwelt hervorgerufen worden sind; denn die Inhalte dieser Offenbarungen sind
von einem Außen nur hervorgerufen, aber nicht hervorgebracht. Und
einem stark nuancierenden Blick offenbart sich bald, daß Schemata
von gegeneinander isolierten Perioden (etwa: pietistische, atheistische,
positiv-christliche Periode) — welche dann wieder die metaphysische
Vexierfrage hervorrufen: wie ein Fremdes aus einem Fremden
überhaupt entstehen könne — nur Oberflächenerscheinungen treffen;
daß vielmehr die ganze Seele in jedem Moment latent ganz da ist.

Ein Schleier liegt über der Seele. Die Wirklichkeit hebt bald diesen, bald jenen Zipfel. Nicht in der Seele ist es begründet, sondern in der Wirklichkeit, welche Gegend oft, welche nie aufgedeckt wird. Was aber aufgedeckt wird, das gehört nur der Überwirklichkeit der Seele an. Diese Überwirklichkeit ist hier die polarstrukturierte Seele des tragischen Menschen; und die Polarität benennt sich heute in der religiösen Sphäre mit der Antinomie: heidnisch-christlich.

„Seine Seele war in zwei gespalten, die in ewiger Fehde lagen; er war der Sohn von zwei Zeiträumen, und das gab ihm zwei Gesichtspunkte für die Dinge, den des Mönchs und den des Satyrs." Und so wurde er „zwischen seinem natürlichen Verlangen nach den Lockungen des Lebens und seiner Lust, dem ganzen Leben den Rücken zu kehren und seinen Sinn auf den Himmel zu richten, hin- und hergeworfen". Diese beiden Iche lebten „in Uneinigkeit wie unglückliche Ehegatten, sein ganzes Leben hindurch, ohne sich trennen zu können". Wirklich sein ganzes Leben hindurch, auch wenn es bisweilen dem äußerlichen Blick erscheinen sollte, als ob der Kampf durch Vernichtung des Gegners zu Ende gebracht sei. Selbst in der Blütezeit seines Naturalismus, im Roman „Am offenen Meer", geistert der Christ unter der Maske des Doktor Borg umher, zwillingseng verbunden mit dem anderen Doktor Borg, dem Macht verherrlichenden und Wissenschaft anbetenden Fischmeister. Und wiederum: selbst in der christlichen „Nach-Damaskus"-Trilogie erhebt immer wieder der Heide sein Haupt und erlebt noch die Demut als „Kraftprobe": wieviel Köpfe dieser Trotzhydra auch abgeschlagen werden, sie wachsen immer nach. Immer wieder steigt der Unbekannte aus dem Sarg, in den er — symbolhaft am Ende des Damaskusweges — zum Zeichen seines Abschieds von aller Irdischkeit gelegt worden ist; und immer wieder kehrt er ins Leben zurück: Strindberg heiratet zum drittenmal, und jedes neue christliche Werk hat seinen neuen Heiden. So ist diese Antinomie beständig da, auch wenn der Akzent, getrieben von der Wirklichkeitskomponente, hinüber und herüber geht, wie die religiöse Dominantenkurve zeigt. Von dem dualistischen Pessimismus des Dreißig-

jährigen, einer Verschmelzung von Zoroaster und Eduard von
Hartmann mit der Konsequenz der skeptisch-ironischen Indifferenz
des „Roten Zimmer" geht die Entwicklung (nach dem romantisch-
christlichen Zwischenakt) achtzehnhundertundfünfundachtzig über
in das realistische Stadium, das wesentlich motiviert ist durch den
Zerfall des metaphysischen Dogmas der Unsterblichkeit und durch
das Erlebnis der rücksichtslos kämpfenden Egoismen. Jegliche
Metaphysik ist ihm jetzt Monomanie; Glaube wird Dummheit;
Wissenschaft und Erfahrung übernehmen die Lebensführung; das
Glück der Menschen wird absolutes Ziel; „gibt es einen Gott, so
geht es uns nichts an", die Weisheit Epikurs! Gott wird also
nicht aus theoretischem Grunde geleugnet; er wird nicht mehr
erlebt. Dies ist der tiefste, übertheoretische Quell alles Atheismus,
der durch keine Gegen-Theorie verstopft werden kann. Strindberg
war nie absoluter Atheist, wie er auch nie absoluter Christ war,
und so rettete sich seine religiöse Inbrunst in die Vergöttlichung
der Frau, dann in die Vergöttlichung des Industriearbeiters, zuletzt noch in die Vergöttlichung eines utopistischen Staates; und
als er Gott auch noch aus diesem Versteck vertreiben mußte, da
war es das Kind, welches dem Vater die Unsterblichkeit — jetzt
schon eine abstrakte, eine Pseudo-Unsterblichkeit — verbürgen
mußte: atheistischer Seelenwanderungs-Glaube. Erst in diesen Zusammenhang eingestellt erhält die Tragödie „Der Vater" ihre letzte
metaphysische Wucht: wenn die Nachkommenschaft nicht gewiß
ist, dann ist die Unsterblichkeit auch nicht gewiß, dann kann man
nicht wissen, ob man fortlebt: in diesem Moment des Zweifels
stirbt Gott endgültig. So ist die Infernokrisis seelisch vorbereitet;
dem Sehenden kündet sie sich schon in dem atheistisch-naturalisti-
schen Roman „Am offenen Meer" an. Der Christ in ihm steht vor
dem Nichts; er hat kein Objekt mehr, in das er seine religiösen
Energien investieren kann. Der eine Pol der Antinomie, der christliche, droht sich zu verflüchtigen: deshalb muß der Umschlag
kommen. Die Infernokrisis war das Umschlagen. Nicht durch das
Schicksal und Leid seiner zweiten Ehe und nicht durch Zeitsymptome

begünstigt besiegte ihn jetzt das Christentum, sondern beherrschend konnte es jetzt nur hervortreten, weil es in ihm war, und weil es nur aus seinem Bewußtsein durch die heidnische Tendenz verdrängt worden war, und weil es ein Maximum der Verdrängung gibt, jenseits dessen die Reaktionsexplosion eintritt. Aber gerade hier kann man sich nun doch nicht der Tatsache verschließen, daß noch eine dritte Komponente jenseits der seelischen Disposition und der zufällig-äußerlichen, auslösenden Wirklichkeit wirksam geworden ist: ein logischer Entwicklungsprozeß, der in der Richtung von dem einen extremen Pol über einen mittleren Ausgleich zum anderen extremen Pol zielt. So maßt sich das Christentum jetzt seinerseits absolute Herrschaft an wie vorher das Heidentum, obwohl sie ihm legitim nach dem Gesetze der Polarität nicht zukommt. Diese Anmaßung rächt sich. Während er den Heiden in sich kreuzigt und mit Verdikten belegt, wie sie schlimmer kein eifernder Papst gegen einen Ketzer gefunden hat, steht der Heide in ihm heimlich auf, deutet die religiöse Krise als Nervenkrankheit und die Strafmanifestationen Gottes als irdische Rache irdischer Menschen, als Frauenverfolgung aus.

Diese Gespaltenheit des Welterlebnisses, welche ihren Ausdruck in einer zwiespältigen Deutung der Welt findet, ist nicht Weltanschauungsdualismus, sondern Dualität der Weltanschauungen. Sind in jedem dualistischen Welterlebnis auch zwei letzte Prinzipien vorhanden, so sind sie doch zueinander in Beziehung gesetzt: in der alten Zoroasterreligion wie im Platonismus, im Christentum wie im deutschen Idealismus schillerscher und kantischer Prägung. Aber in der antinomischen Weltstruktur des tragischen Menschen bestehen die Welten unabhängig, unverknüpfbar nebeneinander: mag man sie die Welt des apollinischen und dionysischen, oder des antiken und des gotischen oder des Renaissance- und Barockmenschen nennen. So können hier alle Erlebnisse eine doppelte Nuance gewinnen, je nachdem, welchem von beiden polaren Welterlebnissen sie unterstellt werden. Der Versuch künstlicher Synthese durch Verstümmelung einer Seite dieser Antinomie ist nur untergeordneten

Menschen möglich. Bei Georg Büchner, bei Nietzsche, bei Kierkegaard und Strindberg ist dieser Versuch, oft unternommen, immer nur eine Oberflächenepisode, die darüber nicht hinwegtäuschen kann, daß die seelische Antinomie unentspannt weiterbesteht. Hiermit aber ist nun im Tiefsten eine seelische Heimatlosigkeit, ein Entwurzeltsein gegeben; denn es gibt auch für die Seele nur eine Wurzel, aus der sie wachsen und werden kann. Mehrere Wirklichkeiten heben einander auf und paralysieren einander zu Möglichkeiten. Alles was eine solche Seele baut, ist ins Leere gebaut. Und in der Seele wird dies Bewußtsein der Unstetigkeit und der Leerheit, des Unverwurzeltseins wach. Die Möglichkeit als beherrschende Tendenz ist die konstitutive Kategorie des tragischen Menschen. Aus dieser Situation ist die Resignation des historischen Weltgefühls geboren als Positivum dieser Unfruchtbarkeit. Aber aus dieser Situation entstand auch — als das entsprechende Erlebnis des Nichts; denn wir sahen ja, daß sich alles und nichts hier entsprechen — der moderne Aberglaube; er ist die Religion der leeren Seele, die eigentliche Religion des tragischen Menschen. Aberglaube ist jede Religion, die nicht unter einer positiven Erlebniseinheit steht. Deshalb ist auch der extreme, nicht der „monistische" Polytheismus der charakteristische Ausdruck des Aberglaubens: „Ich sah in den Mächten eine oder mehrere konkrete, lebendige individualisierte Personen, die den Lauf der Welt und die Bahnen der Menschen bewußt lenken." Und da die einzelnen regierenden Mächte unter sich nicht einmal einig sind, wie sollte der Mensch mit ihnen einig sein. „Wehe den Menschenkindern, wenn die Mächte kämpfen, wehe den Menschenkindern, wenn die Herrscher und Gewalten uneinig geworden sind." So wird die Willkür und dissonierende Vielstimmigkeit des empirischen Menschen zur Gottheit erhoben. Im Aberglauben wird der Mensch erst wirklich heimatlos, weil die Atmosphäre, die ihn umgibt, weder nacherlebbar noch berechenbar mehr ist. Jede Sekunde kann ein Blitz treffen; jeden Schritt kann ein Abgrund gähnen. Darin ähneln einander also der Frühmensch und der tragische Spätmensch, daß ihnen die Welt ein unfaßbar regelloses Chaos ist.

Aber der Frühmensch in seiner Dumpfheit hat die Furcht noch
nicht überwunden und deshalb seine Seele noch nicht herrscherich
gemacht; der Spätmensch hat das Rückgrat alles Herrschertums
durch die Vernichtung jeglicher Form, das heißt jeglichen Glaubens
zerbrochen. Nicht daß wir das Lebensrätsel nicht auflösen, sondern
daß wesensfremde Mächte entscheiden, die für unser Wissen und
unser Erleben völlig inkommensurabel sind: das macht die abergläubische Seele so hoffnungslos einsam. Die Einsamkeit des
Gläubigen ist nur die Getrenntheit von Menschen; der Mensch ver-
kehrt mit Gott so eng, daß der Verkehr mit den Menschen seine
Wirklichkeit und Gegenständlichkeit verliert. Dies ist die Einsamkeit
des fünfzigjährigen Strindberg, der die Krisis überstanden hat: das
Selbstporträt ist das Buch „Einsam". Aber daneben gibt es noch
eine Einsamkeit, die eine Fremdheit dem Kosmos gegenüber ist;
die entsteht, wenn sich der Mensch weder der Natur innerlich verbunden, noch von einem ihm verwandten Sinn umhüllt weiß:
dies ist die Einsamkeit der Pariser Krise. Die Meute ungeahnter
Möglichkeiten ergreift die Seele, die in keinem bestimmten Gottes-
erleben mehr wurzelt: und so ist Strindbergs Aberglaube, wie er
sich in dem Verfolgungsglauben, der kabbalistischen Deutung der
Umwelt, dem Hexenglauben und vielen anderen Tendenzen dieser
Zeit ausdrückt, weder die Idiosynkrasie eines senilen Monomanen
noch die Fieberphantasie eines Nervenkranken, sondern die intensivste Manifestation seiner tragischen Seele.

Der Abergläubische lebt von Jugend an in ihm. Als Kind
fürchtet er (wie alle Kinder) geheimnisvolle dunkle Mächte. Das
Kind ist immer abergläubisch, weil der Glaube erst mit dem Bewußtsein ihm kommen kann, weil das Kind noch nicht hat, was der
tragische Mensch nicht mehr hat. Als er dann als Dreißigjähriger
jenes mythologische Schauspiel schreibt, welches er später als
Fünfzigjähriger seinem Buch „Inferno" voranstellt, da fällt über
den Ormudz und Ahriman-Mythos hinaus ein Gedanke auf, der
schon aus der Welt des Aberglaubens stammt, da er das völlig
Spielerische, Beliebige, Ordnungslose in dem Verhältnis von Gottheit

und Menschheit heraushebt: die Welt ist erschaffen zur Belustigung der Götter. Wie fremd, wie uns wesensfern muß die Gottheit vorgestellt werden, wenn sie über den blutigen Ernst unseres Lebens lachen kann. Und es ist bei Strindberg wahrhaftig keineswegs das launische Bonmot einer Stunde, wenn er sagt: „Gott lenkt! Gott lenkt, und wir sind nur Hanswurste und Polichinelle."

Sein Verwandter Georg Büchner dichtet das gleiche Erlebnis: der Mensch wird in glühenden Molochsarmen gebraten und mit Lichtstrahlen gekitzelt zur Freude der Götter.

Wie anders sind diese Konzeptionen als die Hegelsche, bei der wir zwar auch Drahtpuppen des Weltgeistes sind, zwar auch wie hier an der Strippe einer Übermacht hängen. Aber diese Übermacht ist unserem Erlebnis als höchster Wert zugänglich, diese Übermacht ragt selbst in uns hinein, diese Übermacht ist unser tiefstes Ich. Als Strindberg sein „Inferno" beschließt in dem Bewußtsein, ein Lebensstadium beendet zu haben, da stellt er die Frage des Abergläubischen an die Zukunft, die nur ein psychologischer Ignorant metaphorisch zu deuten vermag: „Und dann? Ein neuer Spaß der Götter, die laut auflachen, wenn wir weinen?" Dieses Gefühl, daß sein Leben eine Harlekinade sei, in Szene gesetzt vom göttlichen Regisseur zu eigener Belustigung, drückt deutlich den Mangel aus, den er erlebte, den Mangel an eindeutiger Eigenkraft, an eigener eindeutiger Notwendigkeit: „Jung war ich aufrichtig fromm, und ihr habt einen Freidenker aus mir gemacht. Aus dem Freidenker habt ihr einen Atheisten gemacht, aus dem Atheisten einen Religiösen. Für die Menschheit begeistert, habe ich den Sozialismus verkündet: fünf Jahre später hat man mir gezeigt, wie sinnlos der Sozialismus ist. Alles, was mich begeistert, habt ihr für nichtig erklärt. Und wenn ich mich der Religion weihe, so bin ich sicher, in zehn Jahren werdet ihr sie widerlegen. Sieht es nicht so aus, als trieben die Götter ihren Scherz mit uns? Und darum könnten wir bewußten Spötter in den schlimmsten Augenblicken unseres Lebens lachen." Strindberg selbst hat das Wort geprägt: „Abergläubisch wie alle Ungläubigen". Nicht die Ungläubigen im positiven Sinne des Wortes sind hier gemeint. Der Materialist hat den Glauben an das Begriffssystem, der Renaissancemensch den Glauben an die Unendlichkeit seiner Kraft. Sie leben beide in einer ihnen gemäßen, ihnen wesensverwandten Welt. Denn die Gesetze der Natur sind Geist vom Geist des Materialisten; und die Welt des Renaissancemenschen ist universal gewordener Blutrhythmus des Ich. Zufälle gibt es für beide prinzipiell nicht. Aber die Ungläubigen, denen auch noch der „Glaube" der Nichtgläubigen fehlt, sind abergläubisch; sie haben Tür und Tor geöffnet für jede nur ausdenkbare Möglichkeit. So kam der Aberglaube, die eingeborene „Religion" seiner Seele, am stärksten in der Krisis zum Ausbruch, da der naturalistische Atheismus nicht mehr und die neue Religiosität noch nicht galt. Darum ist er „vom Atheismus in den völligen Aberglauben gefallen". Dies Stadium der völligen Fremdheit zwischen Mensch und Gott ist die Atmosphäre des Aberglaubens. Dieser agnostizistische Aberglaube wird vor allem durch das trotzige Bewußtsein seiner Größe und des Erlebnisses der Gottheit als Tyrann umgedeutet. Er, der Prometheus, leidet, weil er die Gottheit durchschaut hat und sich gegen sie empört. Überall, im „Schauspiel", im „Damaskus", im „Traumspiel", mündet das qualvoll bohrende Suchen nach dem Sinn von Schuld und Leid in den Mythos der schuldigen Gottheit. Hier können wir die Geburtsstunde des Buddhismus aus der Seele des Aberglaubens erleben. Strindbergs, des Prometheus, persönliche Schuld ist, die Gottheit zu durchschauen und zu verraten. Darin liegt der Grund des ihm reichlicher zugemessenen Leides: „Ich fürchte durch Auslieferung meines Geheimnisses mir die Rache der Nemesis selber zuzuziehen." Es ist ein „Verbot, in verborgenen Dingen zu forschen; denn diese sollen verborgen bleiben". Aber immer wieder — dank seines eingeborenen Erlöserpathos — verrät der Luzifer in ihm das Geheimnis. So konnte er nach der Probe seines „Traumspiels" die erschütterndsten Worte schreiben: „Ich habe die Probe des Traumspiels gesehen und litt unerhört. Ich hatte den Eindruck, dieses Werk dürfe nicht gespielt werden. Es ist vermessen und sicher eine Lästerung."

Doch selbst diese aus dem Aberglauben heraus geborene und ihr notwendig verbundene religiöse Konzeption wird wieder überwuchert von noch irrationelleren Elementen. Alle die toten Mächte: Blitz, Glockenspiel, Schaukelstuhl werden plötzlich das Sprachrohr metaphysischer Gewalten. Man hat immer empfunden, daß es eigentlich die ganze lastende Welt der anorganischen Natur und die steifen unlebendigen Formen der Zivilisation sind, die den modernen Menschen so hoffnungslos einsam machen. Aber die zivilisatorisch-technische Epoche bildet hier noch nicht das Äußerste. Wieviel einsamer ist der Mensch in einer Welt, die ihm als Mund einer Gottheit zudonnert, zublitzt und zuläutet, und die er doch in ihren Lauten und Bewegungen nicht als Sinn erleben kann, weil sie nichts über das Ganze aussagt, wenn sie auch jeden einzelnen Schritt zu kommentieren scheint. Wer die Welt als sinnfremd begreift, hat wenigstens begriffen, daß sie keinen Sinn hat und sich ihrer so bemächtigt. Wer aber tausend Kommentare über den Sinn der Welt täglich bekommt, die alle in einer Schrift abgefaßt sind, welche unenträtselbar ist, der ist der Welt untertan. Unterm fünfundzwanzigsten Juni achtzehnhundertundsiebenundneunzig schreibt Strindberg: „Inferno" ist jetzt fertig geschrieben. Ein Marienkäfer hat sich auf meine Hand gesetzt. Ich warte ein Wahrzeichen ab für die Reise, die ich vorbereite. Der Marienkäfer steigt auf und nimmt den Kurs nach Süden! Südwärts also. Von diesem Augenblick setze ich meine Abreise nach Paris fest. Aber es scheint mir zweifelhaft, ob die Mächte mir ihre Zustimmung geben. Ein Raub innerer Kämpfe lasse ich den Juni verfließen und mit dem Eintritt des August erwarte ich ein Zeichen, um mich zu bestimmen. Zuweilen fällt mir ein, daß die Lenker meines Schicksals nicht unter sich einig sind, und daß ich der Gegenstand einer längeren Erörterung bin. Einer treibt mich an, und ein anderer hält mich zurück. Schließlich am Morgen des vierundzwanzigsten August steige ich aus dem Bett, ziehe die Fenstergardine auf und erblicke eine Krähe, die auf dem Schornstein eines sehr hohen Hauses sitzt. Sie nimmt sich ganz so aus wie der Hahn auf dem Turm der Kirche

Notre Dame-des-Champs, stellt sich, als fliege sie ihres Weges, mit den Flügeln schlagend und nach Süden gewandt. Ich öffne das Fenster. Da erhebt sich der Vogel, laviert, fliegt gerade auf mich zu und verschwindet. Ich nehme das Wahrzeichen an und packe meine Sachen."

Dieser Aberglaube, die Religion des tragischen Menschen (Nietzsche war nicht unmittelbar religiös, er rang zuerst nicht um Gott, sondern um die Wirklichkeit eines übergottlos, übergottsehnsüchtigen Menschen; deshalb fehlt bei ihm dieser Aberglaube), kam nicht immer an die Oberfläche; denn er war überwachsen von christlichem und heidnischem Lebensgefühl. Dieser Aberglaube ist aber das Substrat der Polarität, die fundamentale, stets latente und bisweilen auch offensichtlich ausgebrochene Katastrophe, auf die der Kampf zwischen den beiden gleichwertigen Extremen, dem Heidentum und dem Christentum, immer hingravitiert. Und bevor wir dieses schwerste Rätsel deuten, wie diese polaren, positiven Lebensgefühle ihn tatsächlich bald längere, bald kürzere Zeit beherrschen konnten, obwohl das große Nichts-Erlebnis des tragischen Menschen sich adäquat doch nur im Aberglauben widerspiegeln konnte: vorher noch wollen wir die Entfaltung seines heidnischen und christlichen Welterlebnisses betrachten.

„Es gab beim Heidentum auch einen Gedanken, einen großen Gedanken, der niemals sterben kann: die verehrten Naturkräfte, und die sind ewig. Das Christentum verehrte den Menschen, und der ist sterblich." Das ist das Grunderlebnis des heidnischen Lebensgefühls: nicht der Mensch im Mittelpunkt des Kosmos, und Sonnen und Tiere und Steine und Pflanzen nur auf ihn bezogen, nur durch ihn und in Beziehung auf ihn ihren Sinn erhaltend; sondern kein Bruch zwischen Natur und Mensch, der nur eine andere Auswirkung derselben Kräfte ist, welche auch im Stein, Tier und Pflanze leben. Aus diesem Lebensgefühl ist erst durch Verdünnung der in ihm lebenden Energien und durch theoretische Abstraktionen der moderne naturalistische Atheimus geworden. Vergißt man, daß dieses logische Begriffssystem erst eine letzte abstrakte Destillation jenes

starken heidnischen Lebensgefühls ist, so fällt es nicht schwer, es —
im Bewußtsein seiner logischen Unzulänglichkeit und symbolischen
Unangemessenheit gegenüber unserem Seelenzustand — als überwunden zu brandmarken. Strindberg, ein Mensch, der alles aus
ersten Ursprüngen heraus, nichts nur imitierend erlebte, zerschnitt
nie das Band, das vom Erlebnisherd zum theoretischen Destillat
läuft, und so verkündet er auch den Naturalismus stets in Form
des Psychomonismus. Daß für Strindberg die Theoretik nie einen
abgelösten Sonderwert erlangte; daß die Begriffe für ihn nie ein
sich selbst genugsames Reich wurden, das rechtfertigt auch uns,
wenn wir dem Denker Strindberg kein besonderes Kapitel schenken,
sondern seine theoretischen Ergebnisse als Versteinerungen seines
Lebensgefühls auszuwerten suchen. Er zeigt sich hierin ganz dem
Typus Nietzsche angehörig!

Mag nun von außen gesehen das sündige Fleisch und die
„Affentheorie" Darwins und Haeckels dieses Lebensgefühl in ihm
aufgeweckt haben: dieses Erlebnis der bruchlosen Fortsetzung der
Natur in seinem Dasein entstammt letztlich doch seinem passiven
Alleinheitsgefühl, das wir schon gewürdigt haben. Wie er sowohl
die Familie, der er entstammte, als auch die Familie, welche er
gründete, als einen Organismus empfand, aus dem kein Mitglied
ohne Verletzung des Ganzen ablösbar wäre; wie er so sich zeit-
lebens mit seiner Mutter durch eine unabgeschnittene, unsichtbare
Nabelschnur verbunden fühlte, und wie er (das Fundament seines
Okkultismus!) Mensch gegen Mensch nicht als isoliert betrachtete;
wie er nicht glaubte, daß der Mensch an seiner Epidermis aufhört,
und deshalb an das Tothassen („Rausch") und an das Verzaubern,
an Hexenglaube und Gedankenmord glaubte (alles Fragmente eines
heidnischen Lebensgefühls): so verband auch in seinem Erleben ein
Umlauf der Säfte ihn mit der ganzen Natur. Auf seinem individuellen
Lebenslauf projiziert heißt diese Lebensstimmung: achtzehnhundert-
undsechsundachtzig. Schweiz. Rousseau. Verherrlichung des Landes
gegenüber der Stadt („Unter französischen Bauern"). Angriff gegen
die Asketenmoral („Ihr gebt uns Fleisch, das vor Lebenslust zittert,

und ihr sagt zum Fleisch: stirb ... welche Fäulnis lag doch hinter
dieser lügnerischen Moral, dieser wahnsinnigen Sucht, sich von der
gesunden Natur emanzipieren zu wollen; die asketische Lehre des
Idealismus und des Christentums hatten diesen Keim dem neunzehnten Jahrhundert eingepflanzt"). Aus dieser Stimmung heraus
wuchs auch das starke Selbstbewußtsein. Das Wissen um Vorrang
und Macht des schöpferischen, des naturkräftigeren Menschen innerhalb der ihm prinzipiell gleichgearteten Natur, der hier wie ein
Gott schaffen und walten kann; der aufbaut und zerstört, Macht
gegen Macht, Macht über Macht; das haben nicht nur die Wissen-
schaftler, sondern auch die Wertphilosophen aus der Natur heraus-
gelesen. Darwin, Nietzsche, Strindberg, Wedekind sind unerachtet
aller gegenseitigen Abhängigkeiten, die zwischen ihnen bestehen,
doch hierin unabhängige Repräsentanten eines gleichen Weltgefühls.
Auf diesem Boden ist auch eines seiner entscheidensten Motive er-
wachsen: der Wille zum Goldmachen: „Glaubst du, ich mache
Gold, um uns und die anderen zu bereichern; nein, um die ganze
Weltordnung lahm zu legen."

Christliches Lebensgefühl heißt uns die Bezeichnung einer über-
zeitlichen Seelenbestimmtheit durch ihre gewaltigste zeitliche Erscheinungsform. Auch dem christlichen Lebensgefühl nach ist der
Mensch eingeordnet in einen übergreifenden Zusammenhang; der
ist hier aber Gott (abstrakt-philosophisch: der Lebenssinn), nicht
Natur. Das klingt dünner, grauer als der saftvolle Naturbegriff;
und doch sind die Erlebnisenergien, welche seit Zeiten von Mensch
zu Gott laufen, nicht geringer als die, welche vom Menschen zur
Natur gehen. Der Unterschied zwischen christlichem und heidnischem
Lebensgefühl wird am Phänomen der Askese besonders deutlich.
Es ist die Verabsolutierung einer psychologischen Teilwahrheit, in
der Askese vor allem das Ausleben eines intensiven Machtbewußt-
seins zu sehen, weil der Asket immer und überall Unterdrücker
ist. Mindestens ebensosehr ist er Unterdrückter, und das Sündenbewußtsein hat zum Beispiel an Strindbergs Askese einen ebenso
reichlichen Anteil als das Machtbewußtsein. Wie die Askese nun

diese beiden polaren Erlebnisse — das heidnische Machtbewußtsein und das christliche Sündengefühl — in sich vereinigt und beide in Strindberg realisiert, ist sie die legitimste Erscheinungsform der tragischen Seele Strindbergs. Die Askese, welche durchaus nicht nur als religiöse Ausdrucksform zu erscheinen braucht, ist ebenso wie die ungehemmte Kraftentfaltung ein Grundmotiv des Strindbergschen Seelenlebens in tausend verschiedenen Situationen seines Daseins. Ihre reinste Auswirkung erlangt sie jedoch erst dort, wo das Unterdrücken als Gottesgebot und das Unterdrückte als Sünde erscheint, also in der religiösen Sphäre. Die pietistische Periode des Zwanzigjährigen zeigt hier das Äußerste, rigorosestes Wüten gegen die eigene Physis. Er schläft auf der Roßhaarmatratze, nachdem er Laken und Kissen fortgeworfen, um den lockenden Traumbildern zu entgehen. Aber wieder kommt im Schlaf die ersehnte Situation: Walzer. Mädchen. Séparée. Nackte Umarmung. Er erwacht. „Auf die Steine vom Kachelofen fiel er auf die Knie und betete mit eigenen Worten ein brennendes Gebet zu Gott um Rettung." Dann warf er auch noch die Matratze aus dem Bett, so daß „die Gurte in Arme und Schienbein schnitten". Dies Sündenbewußtsein ergreift den Zehnjährigen mit der gleichen Heftigkeit wie später den Sechzigjährigen: Der Zehnjährige steht am Sterbebett seiner Mutter; plötzlich schwindet aus ihm alle Trauer; er sieht den funkelnden Ring auf der Kommode, den er erben wird; aber er sieht sich auch selbst im Totenzimmer mit Erbgelüsten, und er erlebt in dieser Weihesekunde den sündigen Menschen in sich mit erdrückender Vehemenz. Und der Sechzigjährige schreibt aus ähnlichen Erlebnissen: „Ekel erfaßt mich vor meiner eigenen Persönlichkeit"; plötzlich mitten in den Stunden der Andacht tauchen böse und häßliche Gedanken auf. Dies Urerlebnis des radikal Bösen in der menschlichen Seele ist der Kern, um den sich dann im Laufe seines Lebens verschiedene Weltanschauungen kristallisieren: Zoroasterreligion oder Eduard von Hartmann, Buddhismus oder Bibelmythos. Sie alle suchen die Tatsache des Bösen in Begriffe einzufangen und zu deuten: Die Grundstruktur des „Schauspiels";

der Mythos von Brahma und Maja im „Traumspiel"; die Gerichts-
verhandlung, die nach dem ersten Schuldigen sucht im dritten Teil
von „Nach Damaskus"; der „Andere" im „Advent": überall hier
ist das Erlebnis des Bösen im Menschen zu Mythen, Gestalten und
jagenden Szenen geronnen.   Ständig grübelt Strindberg über das
Urböse des bösen Willens.   Als dann nach der „Inferno-Krisis"
die Idee des guten Gottes, der alles zu unserem Besten lenkt, ihn
beherrscht, da wird das Böse — nun charakteristischerweise nicht
abgeleugnet; so tief sitzt dieses Erlebnis in ihm — sondern umgedeutet als Widerstreben gegen den Willen des Ewigen, als Trieb-
kraft zum Ewigen hin.   Am Ende des Schicksals des schwedischen
„Karl XII.", der aus eigener Machtvollkommenheit Länder zu
schaffen und Länder zu zerstören wähnte, bekennt ein Stellver-
treter Strindbergs: „So spielt die Vorsehung mit denen, welche
die Vorsehung spielen wollen." „Luther" gelangt zum gleichen Resultat. „Gustav Adolf", der einen Weltkrieg zu lenken scheint,
muß (als er mit Richelieu gegen seinen eigenen Willen abschließt)
gestehen: „Das war's, wohin ich nicht wollte; geschehe Dein Wille,
mein Gott." In dieser Zeit ging Strindberg auch mit dem Gedanken
um, einen Friedrich den Großen zu schreiben: „Karl XII."; „Luther";
„Gustav Adolf"; Friedrich der Große: hinter diesen historischen
Plänen steckt System; gerade an den „sogenannten Herren der
Welt", die deshalb das Urböse verkörpern, weil sie nur für ihr
Ego streiten, soll gezeigt werden, daß sie doch nur Knechte des
Ewigen sind.   Dies ist auch der rote Faden, der die geschichts-
philosophische Studie: „Der bewußte Wille in der Weltgeschichte"
durchzieht: Die Weltgeschichte ist nicht nur die Summe der mit-
und gegeneinander wirkenden Ichkräfte.   Sondern diese Ichkräfte
werden von einem Über-Ich benutzt zu seinem „bewußten Willen".
Welches ist der Inhalt dieses „bewußten Willens"? Die Weltgeschichte macht Strindberg den „Eindruck eines Räuberromans".
In diesem Eindruck drückt sich ihr nicht Rationalisierbares aus.
In Strindberg selbst wurde der Logos nicht absolut.   So machte
er ihn auch nicht — wie Hegel — zur Gottheit.   In ihm wirkte

vor allem das Künstlertum. Gott wurde Künstler, die Weltgeschichte eine Emanation einer gewaltigen künstlerischen Potenz.
Die Epochen der Weltgeschichte sind Skizzen, Entwürfe, die immer
wieder begonnen werden. Bald wird auf einen alten Entwurf zurück-
gegriffen, bald wird die künstlerische Konzeption von Grund geändert. „Jedesmal, wenn der „bewußte Wille" sich enthüllt, hat
er seine Gedanken geändert und beginnt seine Regierung wieder,
indem er Verbesserungen einführt, die er aus der Praxis gewonnen
hat."

Noch ein anderes Künstlerbewußtsein ist in ihm, das zu einer
neuen Deutung der Weltgeschichte führt; nicht nur das Erlebnis des
Künstlermenschen, sondern auch das Bewußtsein des Künstlerwerks.
Da stellt sich ihm dann die Weltgeschichte nicht als ungeheure Torso-
folge eines eruptiven Künstlers dar, sondern als ein in der Idee abgeschlossenes, von einem künstlerisch präzisierten Willen umgriffenes
Gebilde. Und zwar sind es dramatische Kategorien, welche jetzt
die Welt aufbauen. Sehr begreiflich; denn die dramatische Grund-
kategorie ist die Antithetik. Die Weltgeschichte ist „wie die kolossale
Schachpartie eines einsamen Spielers, der sowohl weiß wie schwarz
lenkt, vollständig unparteiisch ist, nimmt, wenn genommen werden
soll, Pläne für beide Lager macht, mit sich selbst und gegen sich
selbst ist, alles im voraus bedenkt und einen einzigen Zweck hat:
das Gleichgewicht zu halten und Gerechtigkeit zu üben, sowie die
Partie mit Remis zu beendigen". Und weiter sagt er aus diesem
Gedankenkreise heraus: „vielleicht wirken die Kräfte der Geschichte
ähnlich wie die Gesetze des Gedankens durch These und Antithese
hin zur Synthese." Und bis in die theoretische Sphäre hinein
wird diese architektonisch-künstlerische Grundkonzeption verfolgt:
Er sieht die „Logik in ihren Antinomien" und glaubt, „alle bestimmten und alle trennenden Urteile sind falsch; darum ist die
Logik verrückt und müßte umgeschrieben werden". So wirkt sich
auch bei Strindberg jene Dialektik aus, wie sie im deutschklassischen
Idealismus und namentlich von Hegel herausgebildet worden ist.
Doch ist sie hier noch in eine alle Gegensätze übergreifende Harmonie

eingefangen; bei Strindberg jedoch gewinnt sie einen neuen Aspekt, indem sie sich der Grundsignatur des tragischen Menschen, der seelischen Antinomik einordnet; auch Kant fand die antinomische Struktur der Welt, aber er fand sie theoretisch und schaffte sie theoretisch wieder aus der Welt. Aber: nicht daß zwei kontradiktorisch entgegengesetzte Urteile sich über Endlichkeit und Unendlichkeit der Welt aussagen lassen, sondern daß Gustav Adolf und Wallenstein beide gleich Recht haben, beunruhigt Strindberg. Und eine erlebte Antinomie ist unauflöslich. So glaubt Strindberg nicht mehr an eine Synthese und läßt die Partie mit Remis ausgehen. Das hätte Hegel nie gesagt, dem, wie man es auch deuten mag, die Gegensätze nur Gegensätze innerhalb einer Einheit waren.

Strindbergs tragischer Künstlergott drückt sich nun nicht nur in der Geschichte, sondern auch in der Natur aus. Und auch hier finden wir die beiden Formen des künstlerischen Bewußtseins als Bewußtsein des Künstlers und Bewußtsein des Kunstwerks wieder. Die Natur macht Sprünge; denn der Künstler macht Sprünge. Damit fällt die Deszendenztheorie. Dann aber scheint ihm wieder ein stetiger künstlerischer Werkwille zu schaffen, und er studiert an den Erscheinungen der Natur den großen Rechenmeister und Baumeister.

Der Künstler-Gott war ein guter Künstler-Gott! Doch nicht allein der Künstler, sondern auch der Asket in ihm schuf sich seinen Gott: den moralischen Richter, den Strafer. Jede Moral führt auf Gott als ihren Urquell. Das ist das Unabwendbare in Kants Gottesbeweis: erkennt man einmal die Moral an, so erkennt man damit auch ihr unerläßliches a priori, Gott, an; eine unreligiöse Moral gibt es nicht. Wir heute, die wir zwar ein stark profiliertes Moralbewußtsein, aber kein auch nur einigermaßen fixierbares Gotteserlebnis haben, sind allzu geneigt, entweder religiöses und moralisches Bewußtsein unterschiedslos zu verschmelzen, wobei im geheimen die Religion doch nur eingeschmuggelt wird, oder aber offen und ungeschminkt (und paradox) gottfreie Moral zu verkünden. Strindberg nahm ganz christlich die Moral als Gottesgesetzgebung und

Gott selbst als Richter und Strafer. „Gut ist schuldlos leben."
Bei ihm verschmelzen Religion und Ethos zugunsten der Religion.
So ist ihm — sehr christlich — die oberste Sünde Verstocktheit,
Hochmut: „Ich habe aus Hochmut (Hybris) gesündigt, dem einzigen
Laster, das die Götter nicht verzeihen." Wer denkt hier nicht
an die religiösen Dramen des Aeschylos? Um diese Kardinalsünde
der Hybris kreist seine religiöse Kraft (die also eine religiös-moralische
ist), weil der Trotz vielleicht die einzige Sünde gewesen ist, der
er sich bewußt geworden. Denn alle anderen Sünden, die er als
„Grundsätze der Hölle" aufzählt: „Herrschsucht aus Eigenliebe,
Liebe zu fremdem Eigentum aus Weltliebe, Liebe zur Ausschweifung",
oder allegorisch als „Die sieben Todsünden" des „Advent": Hochmut,
Wollust, Trunksucht, Geiz, Wut, Neid, Leichtsinn — alle anderen
außer jener Hybris treffen nicht den Kern seiner Seele. Aber diese
wurzelt allerdings so stark in ihm, daß er, der übermächtige Titan,
sie nicht ausreißen kann. Im Gegenteil. Er bekennt: „Mein
Hochmut wächst immer in demselben Maße, wie sich meine Er-
niedrigung vertieft." Der Hochmut versteckt sich noch in der
Demut, und so ist er selbst in seiner restlosen Unterwerfung noch
darauf stolz, daß gerade er „auserwählt ist, von Gott gezüchtigt
zu werden". Und eifert er auch gegen den Kultus des Ich, gegen
den niederen Egoismus, so glaubt er doch: „Die Kultur dieses
Ich erweist sich als der höchste und letzte Zweck des Daseins."
Im Gegensatz zum Typus eines Franz von Assisi verteidigt er das
Ego, wenn es nur werthaft ist. Er läßt den Kern, den Brutherd
der Hybris unangetastet. Er findet nie den Weg zur letzten Hingabe,
zur tiefsten Bescheidung, zur Seligkeit des Nehmens. Nichts zeigt
das besser als sein ständiger Auftrotz gegen das Dogma von Christi
Opfertod. Er begreift dies nicht, weil er es nicht erleben kann;
er kann es nicht erleben, weil er zu kraftbewußt ist, um seine Leiden
auf die Schultern eines anderen zu legen. Herrlich symbolisiert
dies die Erscheinung, die dem „Unbekannten" im „Nach Damaskus"
wird: Das Kreuz ohne Christus. Der Dominikaner deutet: „Du
willst nicht haben, daß er für dich leidet, so leide selber." Immer

wieder predigt ein Lindquist die Predigt, die er dem Elis in „Ostern"
hält: Beuge Dein Knie und erwarte die Gnade; und immer wieder
sagt ein Elis: Ich kann nicht die Knie beugen; ich will nicht ge-
zwungen werden, dankbar zu sein; ich will Gerechtigkeit, nicht
Gnade. Bis er sich dann durchringt zur Erlösung: „Eigene Kraft,
an die glaube ich nicht." Und wie ihm so, als Christen, Glaube
und Liebe Kern der Religion wird, so weisen sie doch beide über
das Ego hinaus: Im Glauben wird das Ego zugunsten des Gottes
aufgegeben, das sacrificium intellectus wird gebracht zugunsten
des Credo, und in der Liebe wird das Ego aufgegeben zugunsten
des Du, zugunsten der Menschengemeinschaft. Denn ebenso, wie
er die letzten harten Ansprüche an sich selbst noch als Hochmut
demaskiert (im „Luther" richtet er über sich: „Du bist der hof-
färtigste Mensch, den ich getroffen habe. Du willst vollkommen
sein wie Gott"), ebenso predigt er auch den Mitmenschen gegenüber
Milde und Nachsicht. Die Milde gegen sich selbst wird so auch
zum religiösen Postulat. Die Frage nach der Schuld verschwindet
und mit ihr die Frage nach der Gerechtigkeit. Stellt man die
Schuldfrage doch, dann wird man bis zur Schlange geführt: Das
heißt, man gerät ins Uferlose. Aber steckt nicht auch noch
in dieser franzeskischen Milde Titanentrotz? Ist diese Apologie
der Menschheit nicht eine Anklage Gottes, in dem doch die
Fäulnis ihren Beginn haben muß, wenn die Menschheit schuldlos ist?

Einen rein theoretischen Gott (wie der des Aristoteles oder des
Thomas ist) hat Strindberg nicht geschaffen, und er hat Dogmen
nie um ihrer logischen Wertung willen kritisiert. Er hat sich überhaupt auf rein theoretische Erörterungen nur sehr selten (zum
Beispiel in der „Dramaturgie", wo sie auch recht mager ausgefallen
sind) eingelassen, und dann auch nur in der Zeit des Prinzipats
der Wissenschaft. In der neuen christlich-religiösen Ära hätten
rein wissenschaftliche Deduktionen für ihn nur noch den Sinn
der Widerlegung ketzerischer Gedanken oder der Defensive. So
fand er sich mit der Herrschaft der Naturgesetze ab, indem er

Gott als fernere Ursache setzte. Gott „benutzt die Naturgesetze". Abukasem spricht:

> „Wo früher du Gesetze sahst,
> da triffst du nun den Geber,
> begegnest dann dem Richter.
> Wo früher du Natur nur sahst,
> da findest du ein Wesen
> von selber Art wie du bist."

Zufall gibt es nicht; denn Zufall ist in einer naturgesetzlichen Welt der durch nichts gerechtfertigte Zeitpunkt des Zufallens. Dieser Zeitpunkt aber ist von Gott bestimmt. Strindbergs stärkste Opposition liegt dort, wo früher seine innigste Zugehörigkeit gewesen war: in der Opposition gegen die Gedankenwelt Nietzsches. Unabhängig voneinander hatten beide die Formel des Lebens im „Willen zur Macht" gefunden, und Nietzsche hatte in der Verabsolutierung der Persönlichkeit den Wert und Idealbegriff des modernen tragischen Heidentums geschaffen. Wenn Strindberg jetzt ausspricht: daß die „Erziehung zum Übermenschen der Sinn des Daseins" ist, so muß man wissen, daß er den Übermenschen als den wahrhaften Christen definiert — „Ich bin Christ . . . ich bin Übermensch" —, daß ihm Nietzsches Übermensch dagegen der „Bandit" ist, „dem alles gegen die andern erlaubt ist". Die „Lebensfreude ist . . . erfunden von einer großen Larve . . . die Sache mit der Lebensfreude in den achtziger Jahren war ein furchtbarer Schwindel". Und in der zweiten Front kämpft er wiederum gegen den vornietzscheschen markauszehrenden Skeptizismus, gegen den „kranken Zweifel, der an schlechten Magen erinnert". So hat er in sich den tragischen Menschen überwunden! T y p i s c h o d e r n u r i n - d i v i d u e l l ü b e r w u n d e n ? Hat er wirklich das tragische Schicksal besiegen können, dem sein Zwillingsbruder Nietzsche, und nicht nur Nietzsche allein, vergeblich sich opferte?

Der Typus des modernen, tragischen Menschen, der in allen Repräsentanten der letzten drei Generationen sich auswirkt, ist nicht so einheitlich, wie es oft erscheint, wenn seine großen charakteristischen Linien andersartigen Menschen früherer Jahrhunderte gegenüber betont werden. Uralte Unterschiede seelischer Grundformen machen sich auch innerhalb seiner Umrißlinie geltend. So haben wir den ewigen Gegensatz zwischen erotischer und geistiger Beziehung zur Welt in den Lebensläufen Strindbergs und Nietzsches; um so sichtbarer, als sie beide Gestalten der tragischen Seele sind, und beide zur Welt sowohl wie Verliebte zur Geliebten (also: erotisch), als auch wie Idealisten zur Wirklichkeit (also: geistig) stehen, nur jeder an einem anderen Pol. Strindbergs Ideenbesessenheit wurde vom Eros, Nietzsches Erotik von der Zielidee niedergehalten. Nietzsche, der Musiker, kämpfte; Strindberg, der Politiker, betete. Und das Wesen des Menschen liegt nicht in seinen unterdrückten, sondern in seinen unterdrückenden Trieben.

Strindberg kam von der Frau nicht los, obwohl er sie auch mit den Augen Nietzsches sah. Nietzsche kam zur Frau nicht hin, obwohl er sie auch mit den Augen Strindbergs sah. Für Nietzsche war die Familie das größte Hindernis des unabhängigen Menschen; Nietzsche als Familienvater im Kreise der Seinen ist ein unvorstellbares Bild. Strindberg war nicht nur der besorgteste, liebevollste Gatte und Vater, sondern er besang auch die Familie in Tönen, die im Zeitalter der Auflösung aller Bindungen wie eine seltsamuralte Melodie erklangen. Nietzsches Leben ist eine stete Überwindung der Freundschaft, die den Freigeist fesselt, eine fortschreitende äußere und innere Isolierung; Strindbergs Leben ist ein stetes Verringern der Kluft, die ihn von den Menschen trennt. Strindbergs „Einsam" ist eine andere Einsamkeit als die des einsamen Nietzsche. Tausend konkrete Schicksale lebt er — wenn auch nur per distance, nur mit dem Auge — mit, während dem einsamen Nietzsche in den Bergen von Sils Maria selbst sein eigenes konkretes Dasein sich schon verflüchtigt. So liebt auch Nietzsche die realitätsfremde Natur, die Felszacken, die Schneegletscher, das substanzlose Weißblau des Oberengadin. Strindberg aber liebt die unheroische Natur des Stockholmer Schärenmeeres mit ihrer weichen milden Luft und ihrer bisweilen fast südlichen Flora. Nietzsches

Weg geht vom romantischen Pessimismus Schopenhauers zur heroisch-rigoristischen Moral des Übermenschen. Strindbergs Weg läuft entgegengesetzt: als unerbittlicher Reformator beginnt er, in milder, verstehender, christlich-romantischer Bescheidung schließt sein Leben. Der eine läßt sich ins Leben verstricken und lebt in ihm leidend und Leid zufügend, eine Kreatur unter Kreaturen; der andere löst sich immer mehr vom Leben ab, entfremdet sich der Realität und wird schließlich nur noch ein ätherisches Wirkungszentrum, das in übergroßer Dynamik explodiert. Liebe und Ekel sind die seelischen Pole des einsamen Strindberg; zwischen kosmischer Lust und Haß verläuft das Leben des einsamen Nietzsche. Unerbittlich hart sind die letzten Worte Nietzsches; milde und gütig ist die letzte Dichtung Strindbergs. Der Dichter beugt schließlich das Haupt: ich bin eine Kreatur, ist seines Lebens Fazit; der Prophet endet in der höchsten Hybris als Gott zweier Himmel: Dionysos, der Gekreuzigte.

Das Schicksal vergönnte es ihnen nicht, in einem Freundschaftsbund Gemeinsamkeit und Fremdheit ihrer Seelen voll auszuwirken, wie es etwa Goethe und Schiller über ein Jahrzehnt verstattet war. Ein Brief von Brandes, der Nietzsche auf die Ähnlichkeit seiner und Strindbergs Ansicht über die Frau aufmerksam machen sollte, leitete die Bekanntschaft kurz vor dem Zusammenbruch des Denkers ein. Die Briefe zwischen Strindberg und Nietzsche bringen zu Strindbergs und Nietzsches Bild nichts wesentlich Neues hinzu. Einmal nur hören wir etwas wie ein fernes Degenkreuzen. Strindberg, der Nietzsche seinen „Vater" zugeschickt hatte, dankt für die Gegengabe, den „Zarathustra"; in einem Brief voll zustimmenden Überschwangs bemängelt er nur Nietzsches Glorifizierung des verbrecherischen Menschen. In diesem echten (d. h. subjektiv notwendigen) Mißverständnis des Dichters der Novelle „Tschandala" gähnt plötzlich die Kluft zwischen zwei geistigen Souveränen. Der eine blickt verzaubert auf den starken, der andere voll Grauen auf den rohen Menschen. Denn: die Idee will Macht; die Liebe Milde. Der Briefwechsel endet jäh mit Nietzsches Wahnsinnserlassen. So wurde ein schlimmeres Ende verhütet. Als Strindberg seinen Weg „nach Damaskus" zurückgelegt hatte, nannte er den, von dem er einst gesagt, daß er „ausgesprochen, was ich seit vielen Jahren gedacht und gefühlt habe," „jene vor der Zeit verbrauchte und ins Feuer geworfene Zuchtrute". Was aber Nietzsche erst über Strindberg gesagt hätte, kann man zum guten Teil in seinem „Fall Wagner" nachlesen, wenn man statt des Wortes „Wagner" immer „Strindberg" setzt. Strindberg und Nietzsche waren Antipoden- und Zwillingsbrüder.

Strindbergs religiöse Krisis war wohl auch eine moralische. Das Urböse in ihm erwies sich als unausrottbar; aber sie war vor allem doch aus der Gefahr des Nichts, des Nihil, des ennui ent- standen: im Keim ein Streben nach Erlösung, nach Entrinnen, nach Befreiung, war sie zuinnerst doch die Not des tragischen Men- schen, der das Nichts vergeblich zu überwinden sucht. Alle, die im neunzehnten Jahrhundert für das zwanzigste kämpften, alle, die leer zur Fülle, unfruchtbar zur Frucht, ungläubig zum Glauben wollten, ob sie nun Kleist oder Georg Büchner, Hebbel oder Flaubert oder Grabbe, Kierkegaard oder Nietzsche oder Strindberg hießen, waren — wie voll, wie fruchtbar, wie gläubig sie sich auch gebärdeten — vom großen „Nichts" gezeichnet. Und hier ist nun der hochwichtige, unumgehbare Ort, an dem ernstlich die Frage gestellt wird (die ebenso auch einmal an Kierkegaard gerichtet werden wird): welche Bedeutung hat Strindbergs nachatheistisches Christentum? Ist es eine ganz individuell zufällige Wendung, die sein Leben hiermit nimmt? Ist es Zurücksinken aus einem Gefühl der Unzufriedenheit und der Müdigkeit, wie es seit der Reformation und Romantik allzuoft stattfand und erst in unseren Tagen wieder stattfindet? Oder ist dieser Weg vor der Logik der tragischen Seele zu recht- fertigen? Ist Strindberg ein Abtrünniger seines Schicksals, das er nicht durchgekämpft hat? Oder ist auch in dieser Wendung seines Lebens noch die Grundstruktur seiner Seele wieder erkennbar?

Rein oberflächenhaft gesehen nicht! Allerdings hat er sich nicht differenziert dogmatisch festgelegt. Zwischen dem Katholi-

zismus, den er als „Weg des Kreuzes zum Glauben meiner Väter"
bezeichnet, und dem Protestantismus, den er für „eine den Bar-
baren des Nordens auferlegte Strafe" und für religionslos, frei-
denkerisch und ketzerisch hielt, schwankte er doch hin und her;
und er hatte schon guten Grund zu schreiben: „Immer wenn
ich in eine katholische Kirche trete, bleibe ich an der Tür
stehen und fühle mich verlegen, unruhig und ausgestoßen." Nur
in Stunden des Sichselbstvergessens konnte er, überwältigt von der
Massivität des katholischen Hauses, welches von der ringenden
Menschheit zum Schutz der Seele erbaut war, nach einer Andacht
in Notre Dame de Paris, glauben, daß „in der Mutterkirche der er-
lösende Hafen" gefunden sei. Aber nicht nur im Katholizismus
und Protestantentum, auch im Buddhismus und Judentum findet
er um und um seine religiöse Seele wieder. So gelangt er zur Idee
der Überkonfessionalität, die nicht nur in seiner Schweizer Epoche,
in der er eine überkonfessionelle Andacht einmal eingehend, konkret
in einer Novelle ausmalt, gilt, sondern die er noch in seinem „Blaubuch" verkündet: „Das war immer der Gedanke meines Lebens:
wenn alle Religionsformen als Schalen fortfallen und nur die Kerne
übrigbleiben, können die wie Zellenkerne zusammenwachsen und
einen einzigen Pflanzenkörper bilden. Einen Weltenbaum, in dessen
Schatten alle Völker in Andacht und in Eintracht ruhen . . . ver-
einfache die Dogmen und halte sie schwebend, auf daß alle Platz
in ihnen finden." So sieht es zwar aus, als wäre er doch nicht zu
einem konfessionell-profilierten Gott gekommen, sondern als saugte
er wahllos aus jeder Blüte die eingeschlossenen religiösen Kräfte.
Aber es war doch nur ein „konfessionsloses C h r i s t e n t u m",
das er verkündete; er bezeichnet sich selbst mit Recht als „christlichen Freidenker", und wie ihm andere Religionen nicht neben,
sondern unter dem Christentum standen, so war es auch immer wieder
christliches Erlebnis gewesen, das er in allen Religionen wieder-
gefunden hatte; und wie wenig er im Grunde die aufklärerische
Überkonfessionalität meinte, zeigt sein polemisch gegen Lessings
Drei-Ringe-Symbol gesprochenes Wort: „Christentum . . . der An-

fang der Weltgeschichte, ihre Mitte und ihr Schluß." Strindbergs
Überkonfessionalität lag innerhalb einer Konfession.

Wenn Strindberg also auch nicht orthodox war, so war er
doch konfessionell gläubig. Und alle divergierendsten Gotteserlebnisse und Gottesbegriffe und alle überkonfessionellen Bekenntnisse
waren umgriffen von einem christlichen Gottesbewußtsein. Und
trotzdem! Erst hier wird, scheinbar an ihrer Grenze, scheinbar am
Beginn ihres Überwundenseins, die tragische Seele in ihrer ganzen
weiten Lebensauswirkung erkennbar; erst hier wird uns eine der
abgründigsten Tiefen der modernen Seele an einem ihrer gewaltigsten
Repräsentanten sichtbar. Strindbergs Glaube ordnet ihn noch
lange nicht dem Typus der gläubigen Seele ein. Alle äußeren und
inneren Kennzeichen des Gläubigen fehlen. Wieso? W e i l s e i n
G l a u b e k e i n g e w a c h s e n e r, k e i n o r i g i n ä r e r, k e i n
a u s d e n T i e f e n d i e s e r S e e l e e m p o r g e s t i e g e n e r
g e w e s e n i s t, s o n d e r n w e i l d e r G l a u b e d i e s e r
S e e l e — w e n n a u c h v o n k e i n e m A u ß e n — a u f-
o k t r o y i e r t w o r d e n i s t. Wie im Brennpunkt sind hier die
Strahlen des tragischen Menschen und der Strindbergschen Persönlichkeit zusammengeschossen: in gnadenloser Dürre, aber voller
Sehnsucht ist diese Seele; immer in Gefahr, ins leere Nichts hinausgeschleudert zu werden — „Neulich verbrannte ich ein Drama,
das war so aufrichtig, daß mich schauderte" — und immer wiederum
zentrifugal vom Mittelpunkt, dem Leben angesaugt. Ins Nichts zu
sinken war seinem tiefsten Sinn angemessen; das Nichts immer
wieder überwinden zu wollen war sein Schicksal. Und das nachatheistische Christentum war sein ungemeinster Versuch der Nichtsüberwindung, war eine Flucht, eine tapfere, unromantische Flucht
vor seiner eigentlich metaphysischen Existenz. Nur Kierkegaards
ewiges Umkreisen des Problems: wie werde ich Christ zeigt ein
ähnliches Bild modernen Promethidentums. Hier prägt sich am
hellsten die Formel der Strindbergschen Individualität aus, daß
er der undogmatische Dogmatiker war. Undogmatisch — denn
nirgends war er zu Hause, in keinem Gehäuse, das eine Seele oder

ein Geist erbaut hatte. Daher seine Ruhelosigkeit. Undogmatisch
— denn es gilt für jede Phase seines Lebens das Motto des Hesekiel,
das er dem „Inferno" vorangesetzt: „Bete an, was du verbrannt
hast; verbrenne, was du angebetet hast." Der Dogmatiker in ihm
aber befahl immer wieder: du einsame, nackte Seele sollst eine
Wohnung haben; wieviel Wohnungen der Revolutionär ihr auch
zerstören mußte, immer wieder baute der Dogmatiker ihr eine neue
auf; Notbauten, welche die Not, keine Paläste, welche seelischer
Überfluß erzeugt hätte. So experimentierte Strindberg
mit dem Glauben: er war versuchsweise Atheist und war dann versuchsweise Christ. Aber nicht aus Neugierde, sondern um der
Rettung willen. Ohne die Intensität des Erlebens wäre er Historiker
geworden. Alle tragischen Menschen sind Experimentierer (und
deshalb so gute Psychologen). Denn sie haben keine Wirklichkeit.
Die Künstler der Gegenwart experimentieren; die Politiker der
Gegenwart experimentieren: am Anfang war die Tat, am Ende das
Experiment. Das Experiment gibt eine künstliche, eine erklügelte,
eine von der Willkür und nicht von der Notwendigkeit geschaffene
Ersatzwirklichkeit. Das Experiment sucht die Notwendigkeit des
Objekts und klammert sich an. Es mangelt ihm die Notwendigkeit
des Subjekts. Daß die Hypothese bei Strindberg dann die Existenz
der Wirklichkeit annehmen konnte, eine Pseudoexistenz, und von
ihm auch zweifellos als Vollwirklichkeit erlebt wurde: das ist das
Zeichen, daß dieser Riese alle Gebilde seines Schöpfertums mit
einer Intensität füllte, die sie für sein Erleben nicht nur fähig machte,
von der subjektiven in die objektive Welt, sondern auch von der
Willkür in die Notwendigkeit hinüberzutreten. Dieser Weg ist
deutlich abgezeichnet in dem verräterischen Ausspruch: „Statt
die unleugbaren Tatsachen als Zufälle und zufälliges Zusammen-
treffen von sich zu schieben, beobachtet man sie, sammelt sie und
zieht daraus seine Reflexionen. Anfangs tut man es, um über
seinen eigenen Aberglauben lachen zu können, später erlischt das
Lächeln, und man weiß nicht mehr, was man glauben soll." Ab
und zu ertappen wir seine Seele, wie sie ihr unterirdisches Geheimnis

lüftet, in der sprachlichen Wendung verkappt, oder auch offen; doch scheinbar, ohne sich ganz der Tragweite ihrer Offenbarung bewußt zu sein. Mit Recht sagt er vom „Meister Olaf", einem seiner Erstlingswerke, daß er die „Tragödie seines Lebens" geworden sei. Ein „Abtrünniger" heißt dies Werk im Untertitel. Und ein Abtrünniger ist Strindberg immer wieder geworden. Es war eben sein individuelles Gesetz, das Gesetz seines Typus, immer wieder abtrünnig zu sein. Ständig beherrscht ihn der Zweifel, der ihn über jede Station hinaustreibt: „Er nahm die Gedanken nicht kritiklos an, sondern entwickelte sie, verglich sie miteinander. Darum konnte er nicht Automat werden und sich nicht in die geordnete Gesellschaft eintragen lassen." Die Geschichte seines Berufes, das heißt die Geschichte seiner wirtschaftlichen Positionen, bildet diesen seinen Zustand lebendig ab. Er konnte sich alle Festigkeit nur unter dem Bild des „Automaten" vorstellen, eine klare Offenbarung seines Innern. Etwas Spielerisches, etwas Macherisches, etwas Unorganisches liegt in dem Ausdruckssymbol, das er für das Leben seiner Seele setzte: „Ich zerspalte meine Persönlichkeit und zeige der Welt den naturalistischen Okkultisten, erhalte aber aufrecht in meinem Innern und pflege den Keim zu einer konfessionslosen Religion. Oft gewinnt die exoterische Rolle die Oberhand; ich mische meine beiden Naturen so durcheinander, daß ich über meinen neu erworbenen Glauben lachen kann." Klingt das nicht, als ob ein Gärtner diese oder jene Blume nach Lust aus dem Boden zieht und sie spielend zum Beet formt?! „Ich glaube zum Versuche", ist der echte Ausdruck dieses Bereichs, des hypothetischen Glaubens. Und dies Wort geht ebenso sehr auf den atheistischen Unglauben wie auf den nachatheistischen Glauben. „Achtzehnhundertundsiebenundachtzig — schreibt er — hatte ich versuchsweise den Standpunkt eingenommen, der jetzt als der Nietzsches bezeichnet wird." Und ebenso schreibt er am Ende der „Legenden" dies enthüllendste Wort: „Als der Verfasser achtzehnhundertundvierundneunzig prinzipiell seine Skepsis verließ, die alles intellektuelle Leben zu verwüsten bedroht hatte, und er sich ex-

p e r i m e n t i e r e n d auf den Standpunkt eines Gläubigen zu
stellen begann, erschloß sich ihm das neue Seelenleben, das im „Inferno" und diesen „Legenden" geschildert wird." Und an einer
anderen Stelle sagt er: „Er experimentierte mit Standpunkten und als
gewissenhafter Experimentator nahm er Kontrollexperimente vor,
stellte sich versuchsweise auf die Seite des Gegners, las Gegenkor-
rektur, prüfte die Zahlen von unten, und wenn das Gegenexperiment
negativ ausfiel, kehrte er zu dem erprobten Ausgangspunkt zurück."
Es ist die experimentierend-psychologische Methode Kierkegaards,
der ja zur engsten seelischen Verwandtschaft Strindbergs gehört. In
Strindbergs Blaubuch steht: „Stell dich auf den Standpunkt des
Gläubigen. Tue so, als glaubtest Du, prüfe dann den Glauben,
ob er mit deinen Erfahrungen stimmt." So ruhte auch sein Künstlertum auf dieser seelischen Hypothese, die auswechselbar war: „Als
Dichter hast du das Recht, mit Gedanken zu spielen, mit Standpunkten zu experimentieren, Anschauungen zu probieren, aber ohne
dich an etwas zu binden." Wolfram, Shakespeare, Goethe hätten
dies nicht sagen können. Kierkegaard bekämpfte deshalb den Dichter
unexistent. Auch Strindbergs Verehrung der Frau, wie sie sich im
„Buch der Liebe" darstellt, erweist sich als Hypothese, wenn er, sich
verratend, sagt: „Mit der angeborenen Ehrerbietung, die jeder Mann
vor der achtenswerten Frau empfindet, habe ich in diesem Buche
den veredelnden Einfluß, den die Liebe auf den Mann hat, zu erklären versucht. Ich v e r s u c h t e , uns Männern unrecht zu
geben, und glaubte einen Augenblick, das Schöne und Gute emaniere
von dem eigenen Wesen der Frau." Schon ein äußeres Charakteristikum, wie dieser ganze Glaube auf Flugsand gebaut ist, ist seine
weitere Lebensgeschichte und auch das wütende Gezeter gegen
die Atheisten — „alle Atheisten sind Spitzbuben" —, das die
innere Unsicherheit verrät.

Strindberg hat in seinem letzten dramatischen Gedicht: „Die
große Landstraße" seiner Gottsucherschaft die Grabschrift geschrieben:

„Hier ruhet Ismael, der Hagar Sohn,
der einmal Israel genannt wird,
weil er mit Gott gekämpft
und diesen Kampf nicht eher ließ,
bis seiner Allmacht Güte ihn besiegte.
O Ewiger! ich lasse deine Hand nicht,
die harte Hand, bis du mich segnest!
O segne mich, o segne deine Menschheit,
die leidet, leidet unter dem Geschenk des Lebens!
O segne mich, der litt am meisten —
der litt am meisten unterm Schmerz,
nicht sein zu können, der er wollte sein!"

Wer wollte er sein? Ein Engel. Er wurde es nie. Was wollte er? Den Segen des Glaubens. Er erhielt ihn nie. Ein Magier sondergleichen, zwang er noch einen götterleeren Himmel, ihm einen Gott zu schenken. Er gebar selbst Gott, bis der unerbittliche Realist (auch hier ist der Realist der Zerstörer!) den Selbstbetrug ahnte. Da half er sich nach Tyrannenart durch rigorosestes Despotentum, er oktroyierte sich selbst einen Gott. Wer wollte vor diesem gehetzten Todeslauf den Abgrund entlang nicht ehrfürchtig sich neigen? Die tragische Seele hat in ihrem Ringen um Gott hier ihre weihevollste, furchtbarste Stunde erlebt. Der Kampf wurde von Strindberg nicht ausgetragen. Und Strindberg hinterließ uns auch nicht die Gewißheit, ob er überhaupt unaustragbar ist, und ob damit etwa das Schicksal des letzten Typus Mensch, der tragischen Seele, schon entschieden ist. —

Viertes Kapitel.

Der Politiker.

Der Politiker.

Motto: „Sein Gehirn war nun einmal monoman darauf eingestellt, die Fehler der Gesellschaft zu erforschen."

Politik ist die Verwirklichung menschlicher Wertungen. Soweit wir diese Wertungen an uns selbst verwirklichen, sind wir Ethiker; greifen wir über unser Ich hinaus, so sind wir Politiker (im engeren Sinne).

Politiker von Berufung ist, wer die Tendenz zur Wirklichmachung der Idee als Urtrieb in sich hat. Politiker von Talent ist, wer die Wirklichkeit als Mittel zu seinem Ziele einzusetzen weiß.

Ist der tragische Mensch Politiker? Hatte dieser Wahrheitsfanatiker und Ethiker Strindberg, der immer und überall die Idee verwirklichen wollte und immer und überall die Verwirklichung der Idee im größten Stile forderte, dessen Erlebnisse nie nur romantisch, nur intern blieben, sondern immer zur Realisierung hindrängten, eine politische Mission, die er nur aus äußeren Gründen vielleicht nicht ausführen konnte?

Strindberg hatte keine politische Sendung; er war zwar Politiker von Berufung: „Es ist meine Leidenschaft, Billigkeit und Gerechtigkeit zu suchen." Er war gegen sich selbst ebenso strenggerecht wie gegen die anderen. „Er war in beständiger Unruhe, einen Fehler zu begehen. Er achtete aber auf Ungerechtigkeiten und wachte über die Verfehlungen der Brüder." Sein Gerechtigkeitsfanatismus drückt sich in seinem Werk immer wieder in jener Szene aus, in der das Schicksal eines Greises von einer in der Jugend erlittenen, scheinbar harmlosen Ungerechtigkeit seine Richtung erhalten hat. Und wie trumpft sein junger Luther auf vor der un-

gerechten Beschuldigung: die Vorform des Mannes Luther, der
gegen die Ungerechtigkeit eingebürgerter Institutionen einen Welt-
kampf entfachte. Mit welcher Eindringlichkeit und noch im Manne
nachzitternden Erregung kommt er in seiner Biographie immer
wieder und wieder auf Ereignisse zurück, da dem Jungen Unrecht
geschah. Belanglosigkeiten an sich, dem Gerechtigkeitsfanatiker
tiefste seelische Verwundungen!

Er war auch zum Teil Politiker von Talent; denn er hatte
das scharfe Auge des Realisten; er war aber Nichtpolitiker durch
seine Unfähigkeit, Kompromisse zu schließen, durch sein souveränes
Nichtbeachten aller Zwangsläufigkeiten der Wirklichkeit, immer das
Absolute fordernd. So kam es, daß er — wie er sich selbst später
anklagte — zerstörerisch wirkte, da er die Gesetze der Wirklichkeit
mißachtete und so die Tragik aller Utopisten erleiden mußte; er
sah ein, daß er die Ehefrauen befreit hatte, Prostituierte zu werden;
daß er die Elenden befreit hatte, Unterdrücker zu werden; daß
er die Jugend befreit hatte, lasterhaft und Verbrecher zu werden.

Der Idealist· verlangte völlige Konsequenz der Idee.

Der unbiegsame Realist merkte jede kleinste Abweichung von
der Idee.

Der Idealist konnte die vorgezeichnete Linie der Idee zugunsten der Wirklichkeit nicht um einen Gran beugen.

Der Realist konnte nicht einen Gran übersehen.

Ich „sehe die Gesellschaft nackt; sehe ihre unreine Wäsche
durch die Kleider, ihre Gebrechen, ihre ungewaschenen Füße. Aber
am schlimmsten von allem: ich höre die Gedanken hinter ihren
Worten; ich sehe ihre Mienen, die nicht mit den Worten stimmen;
ich fange einen Seitenblick auf; ich bemerke, wie ein Fuß unter
dem Tisch aufstampft; wie sich eine Nase über ein Glas Wein
rümpft".

Und neben der Tragödie des realistischen Absolutisten spielt
die Tragödie der metaphysischen Leerheit des tragischen Menschen.
Die Geschichte seines Berufes ist das Denkmal der politischen
Fehlmission des Tragikers. Wer sich — prinzipiell und seinem

innersten Erlebnis nach — nicht der Gesellschaft einfügen kann, weil ihm faktisch jeder praktische Idealismus und darüber hinaus prinzipiell ein höchstes gesellschaftkonstituierendes, idealistisches Prinzip fehlt, der wird sie auch nie formen können. In Büchners großer revolutionärer Dichtung ist diese Tragödie gedichtet.

Strindberg führt nicht einen Kampf um die Gerechtigkeit, sondern einen Kampf gegen die Ungerechtigkeit. Sein defensiver Gesellschaftskampf — seine Gesellschaftskritik ist das Protokoll dieses Kampfes — richtet sich seit seinem „Meister Olaf" und dem Roman „Das rote Zimmer" immer gegen dieselbe Front: gegen alle abgestorbenen Formen und gegen alle korrumpierten Gesellschaftsgebilde. So kritisiert er den verkalkten Katholizismus und die religionsfremde Realpolitik, kritisiert die Beamtenwirtschaft und die hohe Politik, den Redakteur und den Schriftsteller, den Verleger und die Versicherungsgesellschaft, das Theater und die Bourgeoisie, den Krieg und die Frauenemanzipation, die Universität und die Schule und die Familie. Die Standpunkte, von denen aus er kritisiert, wechseln, indem er sich auch hier als undogmatischer Dogmatiker erweist. Alle Standpunkte aber überdauert der Zorn gegen die Ungerechtigkeit. Von Jugend an ist Strindberg Fanatiker des Rechts gewesen. Voraussetzung dieses Gerechtigkeitsfanatismus ist sein Wahrheitsfanatismus: „Es überkommt mich zuweilen ein rasendes Verlangen, alles auszusprechen, was ich denke; aber ich weiß, die Welt würde zusammenstürzen, wenn man wirklich aufrichtig wäre." Hier zeigt sich deutlich das letzte Motiv für das Scheitern seiner politischen Mission neben der Antinomie des realistischen Absolutismus: sein pessimistischer Idealismus. Man muß zukunftsgläubiger, gläubiger an eine irdische Zukunft sein, um wirksame Politik treiben zu können.

Vom Beginn seiner schriftstellerischen Tätigkeit bis zur Zeit seines Atheismus ist eine inhaltlich erfüllte Gerechtigkeitsidee noch nicht sichtbar; vielleicht eben infolge des stark skeptischen Einschlages, der einzelne Phasen dieser Periode durchzieht. Der Kampf wofür ist noch nicht bewußt fixiert, da ja der tragische

Mensch keine selbstverständlichen, aber viele mögliche Idealwelten in sich trägt. Der Kampf wogegen ist mit seinem Geblüt gegeben. Abermals eine Notwendigkeit des tragischen Menschen (am schönsten sichtbar an dem großen Georg Büchner), dessen Ethos sich immer zunächst an einer negativen Selbstverständlichkeit anklammern wird. Der ständige Gegner ist: Trägheit und Dummheit, Ideenfremdheit. Die positive Dominante seiner Vielklängigkeit aber ist immer die Intensität des Tones, ist die absolute Geltung der Gegenwartsstufe. Die Absolutheit ist der Generalnenner aller wie auch immer inhaltlich bestimmten Idealismen: noch als objektiver Realist war Strindberg so subjektivster Idealist. Wie der Ausdruck der positiven Kritik, der utopistischen Verkündigung, das Pathos ist, so ist der Ausdruck der negativen Kritik die Satire. Im Anfang schreibt Strindberg Satiren. Und pathetisch, also inhaltlich positiv wird seine Gesellschaftskritik erst von seiner Aufklärungsepoche ab; denn das tragische Pathos des „Meister Olaf" entstammt anderen als politischen Quellen; daß aber dieser tragische Mensch überhaupt politisch Positives zu sagen hat: dieses Rätsel haben wir an dem Gottsucher schon entziffert: die Möglichkeiten des tragischen Menschen wandelt er zu Wirklichkeiten vermittels der Intensität, mit der er das Leben lebt. Durch sie ist er, ebenso wie Nietzsche, mehr als tragisch-skeptischer Nihilist geworden.

In seiner Aufklärungsepoche beginnt er mit positiven Gedanken seine Kritik zu unterbauen: „Wenn die Menschen es bleiben ließen, sich gegenseitig so verflucht zu beschützen, so hätten wir's alle viel besser; denn man hat gesehen, daß der höchste Schutz für einige die schlimmste Unterdrückung für die meisten sein könne, und wenn wir ein Recht haben wollten, selbst zu leben, so müßten wir zuerst die große Pflicht erfüllen, andere auch leben zu lassen." Dies ist das liberalistische Gerechtigkeitsideal, das ihn — radikal-konsequent, wie er immer gewesen ist — sogar bis zur Anerkennung des Erbfeindes, bis zur Anerkennung der unterdrückenden Oberklasse treibt. Denn ist das Atom der gesellschaftlichen Welt das Ego, und ist es Gebot

der Gerechtigkeit, diese Egoismen sich gegenseitig ungehemmt auswirken zu lassen, so ist auch der Egoismus der Oberklasse gerecht.
Dicht daneben aber steht schon das Rousseausche Gerechtigkeitsideal; beide Ideale sagen: die Natur soll sein; beide sagen: „Die
Gesellschaft war zustande gekommen, indem die Menschenhand
den Naturgesetzen Gewalt angetan hatte." Aber in einem Falle ist
es die „Kampf-ums-Dasein"-Natur, im andern Falle eine Watteau-
Natur, eine Schäferidyllen-Natur, welche als Paradies und als
letztes Ideal Vorbild wird. Die „Leute auf Hemsö" und die „Schweizer Novellen" sind die repräsentativen Denkmäler für diese polaren
Gerechtigkeitsideale. Land anstatt Stadt; Menschheitsgesinnung
statt Nationalgesinnung; Utopien Fourierscher und Owenscher Art:
sie bilden den Umkreis des Rousseauschen Gerechtigkeitsbewußt-
seins. Es ist aber letztlich nicht die Schweiz mit ihren National-
heiligen Rousseau und Voltaire, noch die epochemachende Verkündigung Tolstois gewesen, die neben dem Egoismusideal das entgegengesetzte idealistische Naturideal des Contrat social und der
französischen Revolution hervorgetrieben hat. Es ist die Polarität
dieser tragischen Seele, welche die beiden konträren Natur-Gerechtig-
keitsideale hat verwirklichen müssen; die Aktivität in ihm sagt:
ego! und die Gerechtigkeit läßt ihn fordern: Also alle Egos. Der
Kampf gegen die heuchlerische Verschleierung der Wahrheit — „die
Gesellschaft war ein Gewebe von Lüge" — zwingt ihn zur Verherrlichung des Lebenskampfes. Der sensible Strindberg aber fordert
als Gerechtigkeit Harmonie des Ego mit Natur und Menschheit.
Daß die Egos harmonisierbar sind, das ist seit Rousseau das metaphysische Dogma aller idealistischen Naturrechtler.

Auch hier zeigt wieder der herrliche Roman „Am offenen Meer"
die Wendung. Indem Strindberg über die Ständevertretung die
Regierung der Einsichtigen und Makellosen setzt, geht er schon von
dem Machtnatur- und Rousseaunatur-Ideal ab: in der Verkündung
der zwei Kammern schafft er eine Synthese von politischem Positivismus und politischem Idealismus, die jedoch inhaltlich hier nur erst
schemenhaft umrissen ist, wenn er sagt: „Das Luthertum, das war

der Feind! Teutonenkultur, Bürgerreligion in schwarzen Hosen, Sektiererbeschränktheit, Partikularismus, Abschließung, Einsperrung und geistiger Tod! Nein, Europa mußte wieder eins werden, und der Weg des Volkes ging über Rom, der Weg der Intelligenz über Paris."

Das Resultat, zu dem er schließlich kommt, aus Erfahrungsgründen und aus Weltanschauung, geht extrem zum pessimistischen Konservativismus: „Also soll man das Befreien lassen, da das Leben ein Gefängnis ist." Alle Politik ist verfehlt, da das Leben Gott ist, da alles so gerade recht ist, wie es ist; keine leibnizisch-hegelsche, sondern eine pessimistische Theodizee. Das konservative Resultat ist dasselbe wie bei Hegel, die Motivation die polar entgegengesetzte. Das ist Strindbergs politisches Fazit: ich befreite die Unterdrückten, „weil ich nicht verstand, daß sie sich auf dem Platz befanden, auf den sie von der Vorsehung gestellt waren". Auch fernerhin bleibt zwar immer der Seufzer: „Das schwerste ist, die Ungerechtigkeiten in der Welt zu sehen"; aber jetzt fügt er (die politische Dynamik dieses Erlebnisses auffangend) hinzu: „Das aber überwindet man, indem man es als Prüfung hinnimmt." In seinen jetzigen kirchenpolitischen Prinzipien wird so recht der apolitische Charakter des pessimistisch-christlichen Lebensgefühls bei unvermindert fortdauerndem politischem Affekt sichtbar. Verfassungsfragen werden ihm unwichtig. Aber der politische Zorn bleibt. Dieses Zusammen von politikfremdem und politischem Instinkt, so daß derselbe Büchner den „Hessischen Landboten" schreiben und die revolutionäre Resignation „Dantons Tod" dichten kann, gehört zur Tragödie des tragischen Menschen. „Tritt nicht aus der Kirche aus wegen einiger Dogmen, die Du nicht begreifst." Weshalb nicht? „Der Christ findet sich mit religiöser Resignation in die Leiden des Gefängnisses; verschwendet nicht nützliche Zeit, indem er alberne Vorschläge macht, Gefängniswesen und -leitung zu reformieren. Um Linderung und Begnadigung zu erwirken, dunkler Zelle und Prügel zu entgehen, sucht er sich gut zu betragen, ohne daß er glaubt, das Gefängnis könne ein Vergnügungsort werden. Alles, was Rous-

seau, Max Nordau und Tolstoi gegen die Mängel der Gesellschaft
gepredigt haben, ist ganz richtig, aber die Schlußfolgerungen sind
falsch . . . Eine mäßige, stille Weltverachtung, das eine Bein im
Jenseits, das Auge auf den Polarstern gerichtet, den Stab in der
Hand, den Ranzen auf dem Rücken, immer bereit zum Aufbruch . . .
Alles Streben nach einer eingebildeten Unabhängigkeit oder sogenannten Freiheit; während es keine Unabhängigkeit, keine Freiheit gibt. Also eitles Streben! Und darum bleibt nur übrig, sich
darein zu finden, um des Herrn willen der menschlichen Ordnung
zu gehorchen, Steuer zu zahlen, dem Steuer gebührt. Und wo
man sein Brot holt, muß man höflich sein. Laß dich nicht ver-
drießen, daß dein Gewerbe und deine Bestellung schwer ist; Gott
hat es so verordnet." Jetzt wird auch mit der Aufhebung der
Idee der Gerechtigkeit die Kategorie von Fehl und Strafe hinfällig.
Die Idee der Liebe tritt an ihre Stelle. Einst sagte er: „Ich war
so geboren, daß ich nicht verzeihen konnte, ehe ich gestraft hatte."
Jetzt erkennt er: „Die Schuld gleicht sich aus! Der Prozeß wird
aufgehoben, die Sache kann nicht entwirrt werden, die Parteien
treten ab . . . Es kann eine Pflicht sein, nicht alles zu sagen, nicht
alles zu sehen! Die nennt man Nachsicht, und die haben wir alle
nötig." Und es ist der metaphysische Gegenpol zur Gesinnung
jeder Revolution und Reformation, wenn er, das Schicksal als
„Pensum" fassend, sagt: „Wer früh sein Schicksal entdeckt und
sich streng daran hält, ohne seins mit anderen zu vergleichen, ohne
andere um deren milderes Geschick zu beneiden, der hat sich entdeckt und wird leichter das Leben nehmen."

Strindberg verkündet noch jenseits eines Rangordnungskonser-
vativismus die apolitische Religion der Liebe; apolitisch sogar noch
darin, daß die Verschiedenheiten nicht geleugnet, sondern geliebt,
aber nicht gewertet werden, entgegen einer radikal gleichmachenden
Demokratie und entgegen jedem positiven Konservativismus, der
eine Rangordnung verwirklichen will, und entgegen jedem christlichen Kommunismus, der vernichtendes Individuellsein abschaffen
will.

So erleben wir das Unwahrscheinlichste und doch aus dem Gesetz dieser Individualität bruchlos Herfließende: daß der geborene Politiker die unpolitischste aller Forderungen stellt; weil er auf der gehetzten Flucht vor dem Nichts die Rettung bei Wort und Gegenwort gleichermaßen versucht, weil er als tragischer Mensch im metaphysischen Sinne entindividualisiert ist. Schon in seinen sozialen Instinkten zeigt sich, daß Partei und Gegenpartei in ihm verkoppelt waren. Der Aristokrat in ihm beschimpft eine geliebte Frau, weil sie ihm — „nach Dienstbotenart" — heimlich zwischen zwei Türflügeln einen Kuß gibt: „Ich schätze die Sauberkeit, die Reinheit, die Schönheit im Leben, und ich versäume ein Diner, wenn ich nicht ein gestärktes Hemd habe. Ich zeige mich meiner Geliebten niemals halbbekleidet oder in Pantoffeln; ich biete ihr ein einfaches Butterbrot und ein Glas Bier an, aber auf einem weißen Tischtuch." Aus dieser wählerischen Sensibilität heraus lehnt er ein gemeinsames Ehebett, ein gemeinsames Schlafzimmer, eine gemeinsame Toilette ab. Von dieser Exklusivität des täglichen Lebens geht eine geheime Verbindung bis zu jenem Aristokratismus, der weiß, daß „im Grunde die Gedanken einiger weniger Geister von den Menschen nachgebetet" werden. Aber Strindberg ist auch „der Sohn einer Magd", welcher bekennt, daß „der Unterschied zwischen Mensch und Mensch nicht so groß, wie man sich vorstellt"; der sein Lebtag eine Neigung zu derben, groben, undifferenzierten Menschen gehabt hat.

Immer ruhen im Menschen viele Instinkte, ein Chaos von Instinkten: der tragische Mensch kann nicht wählen, weil er keinen zentralen Kern hat. Er hat kein Sein; er fordert erst ein Sein. Woher aber sollte der Mensch den lebendigen, richtungbestimmenden Impetus bekommen, wenn der nicht aus seiner Seele ursprünglich herauswirkt? Der tragische Mensch ist geboren mit dem bösen Blick für Ungerechtigkeiten, an denen sich sein politischer Furor entzündet. Dieser Furor aber hat kein Ziel, kein Bild der Gerechtigkeit; denn der schweifende Blick des undogmatischen Dogmatikers wird jede Gerechtigkeit verkünden — und widerrufen.

Fünftes Kapitel.

Der Künstler.

Der Künstler.

Motto: „Zuerst wollte ich eine Philosophie der Geschichte schreiben, aber das war mir zu trocken."

Zwischen der „Subjektivität" eines Menschen und der „Objektivität" seines Werkes liegt ein Indifferenzpunkt, der Ort der Vor-Zwiespältigkeit: sein Deutungserlebnis der Welt. Nur der Name ist hier subjektiv belastet. Wie das Deutungserlebnis der tiefste Ichpunkt im Menschen ist, so ist es auch die eigentliche Urlebenszelle des Werkes. Darum ist es der einzige Ort, wo die Trennung von Subjekt und Objekt, von Dichter und Dichtwerk noch gegenstandslos ist. Das Deutungserlebnis durchstrahlt das Leben des Schöpfers, alles ihm nicht Erreichbare als Zufälliges stempelnd und somit den Versuch zu philosophischen Biographien rechtfertigend. Und es konstituiert andererseits die einzelnen Gliedstücke des geschaffenen Gebildes, sie als Notwendigkeiten hervortreibend. Jedes Deutungserlebnis hat eine und nur eine Logik, in der es sich zur Welt entfaltet. Aber es hat viele mögliche Ebenen, auf denen es diese Logik auswirken kann, im Leben und im Werk: in der Philosophie und der Kunst, im lebendigen Verkehr mit Gott und mit den Menschen. Und selbstverständlich wird die logische Auswirkung eines gleichen Urerlebnisses in diesen verschiedenen Ebenen auch homologe Stücke erzeugen, da die formende Kraft die gleiche ist.

So wird nun die gleiche Entelechie, die sich im Gottsucher und Politiker ausdrückte, abermals im Künstler in Erscheinung treten; die Hauptstrahlenlinien dort werden hier ihre zugeordneten Linien finden. Wenn hierbei als Tertium comparationis der Begriff erscheinen wird, so wäre es möglich, zu sagen, daß hiermit das

Kunstwerk in schädlicher Weise rationalisiert würde. Aber Psychologie, welche doch als ein erlaubtes, mitwirkendes Mittel zur Erfassung des Kunstwerks gilt, ist Logos der Psyche, ist Erkenntnis der Gesetzmäßigkeit einer Seele. Und das Kunstwerk ist petrifizierte Seele.

Das Deutungserlebnis der Welt ist die Ichsubstanz des Künstlers. Nur in der Lyrik tritt sie auch in der Ichindividualität des Dichters hervor, vermag aber ebenso auch den scheinbar ichfremden Roman und das Drama als letzte unsichtbare Atmosphäre zu umschließen. Sucht man in einem Drama das Deutungserlebnis — und man kann dies nur in Weltdeutungsdramen, also in Dramen, die von einem Ich substantiiert sind —, so darf man selbstverständlich nicht nach dem Personalpronomen Ich blättern. Man darf auch nicht nach der „leibhaften" Dichterfigur schnuppern noch nach philosophischen Einlagenummern, in denen man die Expektoration des Dichters wiederfinden will; denn so kann man doch immer nur mit allzu Zufällig-Biographischem durchsetzt die eigentlich überpersönliche und doch eindeutige Ichindividualität finden. Diese Ichsubstanz wird (wo sie beherrschend ist) zur Entelechie, wird das eigentlich organisierende Prinzip des Kunstwerkes. Außerhalb eines solchen Dichtertypus, dessen Ich Substanz seines Werkes wird, liegen alle deutungsfremden Dichtungen, wie etwa ein extremer und prinzipieller Naturalismus (der Armeleutenaturalismus ist nicht prinzipiell); also einmal Dichtungen der objektiven Welt (vor allem Roman und Drama), in denen der Dichter wohl mit Schmerz und Liebe leiden und lieben läßt; denen er aber nicht s e i n e n Schmerz und s e i n e Liebe gibt; und dann Dichtungen (auch in der Lyrik), die nur Momente eines Ich, aber nicht ein ganzes Ich in der Einheit seiner Momente darbringen. In einem reinsten Destillat erschaut man dieses Ich erst, sobald man sein ganzes Korrelat, welches es geschaffen, die dichterische Welt, analysiert. Die Dichterwelt, das ist der Verwandtschaftszug der Gestalten; das ist die Ordnung, die unter den Menschen vorgenommen ist; das ist die Bedeutung von Raum und Zeit für die Abläufe der Wirkungszusammenhänge;

das ist die Sinnhaftigkeit oder Zufälligkeit innerhalb der psychologischen Kausalreihen; und das ist zuhöchst die Spannung des Wortgefüges. Diese konstruktiven Tendenzen zum Aufbau der dichterischen Welt sind die Emanationen des übersubjektiven Ich; es sind die formenden Kräfte, die von einem Urerlebnis ausströmen und an deren Werkkristallisation dieses Urerlebnis sich ablesen läßt.

Noch ein anderer letzter Unterschied besteht zwischen den Künstlern: die einen sind die Künstlermenschen, die anderen die Kunstwerkmenschen. Die einen laden die lebendige Sekunde mit der lebendigen Kraft ihrer Visionen: sie geben sich in exaltierten Lieben, Freundschaften, Künstlerfesten und mehr oder weniger kurzatmigen Aperçus aus. (Die meisten Romantiker sind das hervorragendste Beispiel.) Die anderen lassen die Dynamik ihrer bildenden Potenz in den vorgezeichneten Umriß einströmen; kein Energiequäntchen geht außerhalb dieses Umrisses verloren. Nur Seltene, Goethe etwa, umspannen beide polare Tendenzen.

Wir haben gesehen, daß Strindberg, zugehörig zu dem Typus des überwerkhaften Menschen, keine Religion, sondern nur religiöse Straßenkämpfe und kein politisches Gebilde, sondern nur Revolutionen hervorrufen konnte, und daß auch seine Kunst keine primäre Seelenäußerung ist, sondern nur eine nachträglich zugekommene Abschrift gelebten Lebens. Aber was dem Gottsucher, dem Denker und dem Politiker nicht gelang, das Fragmentarische des Lebens werkhaft zu vollenden (er ist kein Religionstifter und kein aufbauender Politiker geworden!), das gelang allein dem Künstler: in einem Werk wie dem Roman „Am offenen Meer" oder im „Traumspiel" ist er zu Ende gekommen; so vereinigt er als Künstler in sich die polare Spannung zwischen Künstlermensch und Kunstwerkmensch, zwischen — gewagt gesprochen — Bohemien und Klassiker*). Deshalb bezeichnet man ihn auch bei all seiner ausladenden Wirksamkeit vor allem am treffendsten als Künstler. Und dem Werke der Kunst ordnet er bisweilen sein Ich unter: „Ein wirklicher

---

*) Das „Traumspiel" ist die Bibel einer ganzen Generation geworden.

Dichter soll und muß seine Person für seine Dichtung opfern . . .
Um meine Werke zu schreiben, habe ich meine Person geopfert."
Diese Vereinigung polarer Kräfte, die bei Goethe eine Synthese
wurde, ein von der Natur gewirktes Ineinander, war bei Strindberg
nur eine unverbundene Zusammengespanntheit der Gegensätze. Er
mußte zugleich die ästhetische. Form durchstoßen und zugleich sie
fordern: als undogmatischer Dogmatiker.   Er war der Schöpfer
mit den vielen Mittelpunkten; der Herrscher, der sein Reich dezentra-
lisieren mußte, weil er keine Residenz finden konnte; der alle Kri-
stallisationen durch die ewigen Fluktuationen seines Ich auflöste.
Er war aber auch der zentralisierende Despot, der noch jedem
fernsten Orte seinen Willen oktroyierte.   Er war Maß und Apeiron
in eins.   Auch hier denken wir an seinen Verwandten Nietzsche,
dessen Liebe Romantik und Klassik, Sturm und Drang und ruhige
Heiterkeit umschloß, und der so zugleich der ungebärdigste und
formenklarste Stilist der Deutschen wurde.   Diese ständige Doppel-
poligkeit, die sich doch nur selten ausbalancierte, bringt ein formen-
zerstörendes Motiv in sein Werk hinein und ein dichterisch kon-
struktives Prinzip in sein Leben.   Leben und Gedicht haben gegenseitig ihre Grenze überschritten.   Dies drückt sich in dem unregel-
mäßigen Tempo seines Schaffens aus, in dem die dichterischen
Kräfte oft unterirdisch werden, weil sie nicht am Gedicht, sondern
am Leben formen.   Bis zu seinem dreißigsten Jahre hat er (vielleicht,
weil das bewegte Leben seiner Jugend alle Schaffenskräfte absorbierte)
im Verhältnis zur späteren Produktion verhältnismäßig wenig hervorgebracht.   Dann setzen zwölf Jahre eines unermeßlichen starken
Schaffens ein.   Wieder eine völlige Pause von fast sieben Jahren.
Und nun schreibt er in anderthalb Jahrzehnten zwanzig Bände,
im ersten Jahrfünft allein achtzehn Dramen.   So stand er in der
Antinomie zwischen Künstlermensch und Kunstwerkmensch nicht
über den Gegensätzen wie Goethe oder an einem der beiden Pole
wie Flaubert; sondern mitten in dieser Antinomie; ebenso wie ihn
auch die eingangs skizzierte Gegensätzlichkeit von Weltdeutungs-
dichtung und ichfreier Dichtung beherrschte.

Diese Zwiespälte entstammen der grundlegenden Dualität des sensiblen und des aktiven Strindberg, die wir im Kapitel: „Individualität" erläutert haben. In seinem Roman „Das rote Zimmer" hat Strindberg selbst einmal den Künstlertyp analysiert: Sehnsucht nach Befreiung von nützlicher Arbeit; Flucht; Hochmut des Umgestaltens, des Verbesserns. In seinem Künstlerbewußtsein stecken beide polaren Grunderlebnisse seiner Individualität: die Kunst als Machtausdruck (aus Aktivität) und die Kunst als Illusionismus, als Feigheit vor der Realität (aus Sensibilität). „Um das Leben leben zu können, muß man ein Schlafwandler sein. Auch ein Dichter muß man sein, sich selber und andere täuschen können. Ich habe es recht gut gekonnt." Je nach den Wandlungen seines Geschickes werden wir in seinen Dichtungen bald diesen und bald jenen Pol beherrschend hervortreten sehen; denn neben den aggressivsten enthüllendsten Anklagen schrieb er die beschönigenden selbstbetrügerischen Siri-Romanzen.

Dieses doppelte Motiv zur Kunst hat seine Parallele in der zwiefachen Kunstformung, die sich als Gegensätzlichkeit der Stile ausdrückt. Die Mehrheit der Stile in seinem Gesamtwerk, die auch hier nicht etwa historische Begabung, sondern aktuelle Manifestation ist, weist abermals auf eine Vielheit der Urerlebnisse dieser Seele zurück. Jeder Stil ist durch sein bestimmtes Urerlebnis vorgezeichnet. Das eigentliche Stilisieren ist nur möglich unter der Voraussetzung einer Fähigkeit des Auch-nicht-sehens und Auch-nicht-hörens; konsequente Realistik (unstilisierte Realistik) ist nur möglich, wenn das Ich völlig entschränkt, nicht nur erweitert, sondern ausgelöscht ist. Strindberg vermochte beides: er konnte die Schwere der Wirklichkeit ihrer Autonomie berauben und alles seinem Ich einverleiben. Man erinnere sich nur, was er selbst über seinen „Meister Olaf" sagt: „Den Stoff hatte er sorgfältig auf der Bibliothek studiert; er hatte große Bogen vollgeschrieben mit dem, was er Lokalfarbe nannte; daraus nahm er dann und wann einen Pinselstrich, damit die Absicht, die er mit dem Stück verfolgte, nicht zu sehr durchscheine ... Hinter den historischen Personen wollte der Dichter

sich verbergen." Hier haben wir den Prototyp eines unrealistischen
Dichtens; die Realität soll nur maskieren. Aber er vermochte auch
in die Objektivität hineinzukriechen, ganz entselbstet: „Ich lebe
und ich lebe mannigfaltig das Leben der Menschen, die ich schildere:
bin fröhlich mit den Fröhlichen, böse mit den Bösen, gut mit den
Guten; ich krieche aus meiner eigenen Persönlichkeit heraus und
spreche aus dem Mund von Kindern, von Frauen, von Greisen; ich
bin König und Bettler, ich bin der Höchstgestellte, der Tyrann,
und der Allerverachtetste, der unterdrückte Tyrannenhasser; ich
habe alle Ansichten und bekenne alle Religionen; ich lebe in allen
Zeiten und habe selbst aufgehört zu sein. Das ist ein Zustand, der
ein unbeschreibliches Glück gibt." Solcher Stimmung entspringen
zugleich die historischen Dramen und die Tage des Einsamen, der —
fast wie ein Taubstummer — aus der Entfernung, ohne innere Spannung die Geschicke fremder Menschen lebt; ebenso wie — dem ent-
gegengesetzten Lebensgefühl — alle Dichtungen vom „Meister
Olaf" bis zum „Nach Damaskus" angehören, die der Weltokkupator
Strindberg geschrieben hat.

Strindberg ist einer der stärksten Realisten gewesen. Realismus
ist ein Lebensgefühl und eine Fähigkeit: Die Fähigkeit der Impres-
sion und der Expression; die Fähigkeit der Aufnehmungsweite, der
Aufnehmungsschärfe, der Gedächtniskraft und der adäquaten Sprach-
abbildung. Strindbergs Romane und seine Lebensgeschichte zeigen
die Fähigkeit der extensiven und intensiven Aufnahme aufs stärkste
ausgebildet. Aber nicht minder stark ist die Energie des Aus-
drucks, wenn er den in sich aufgespeicherten Reichtum ausgibt.
Diese Fähigkeiten werden nun aktualisiert und innerviert von einer
Lebensbestimmtheit, die wir als Sensibilität schon charakterisierten,
und als deren entsprechende Äußerungsform wir schon den realistischen Stil erkannten. Das Lebensgefühl des künstlerischen Realismus ist dem philosophischen Realismus stammverwandt, aber nicht
immer empfindungsverwandt. Als empfindungsverwandte philosophische Entsprechung des künstlerischen Realismus, wie ihn Strindberg ausgebildet hat, kommt vor allem der realistische Pantheismus

in Betracht. Das Extrem des philosophischen Realismus, der Positivismus, hat für die Kunst keinen Raum mehr: als Abschrift der Wirklichkeit erreicht sie nur Unzulängliches. Das war die Erfahrung des Frühnaturalismus. Wo Strindberg also (wie im Beginn der achtziger Jahre, in einem Stadium positivistischer Skepsis) diese Funktion erfüllen soll, da „sprang seine Dichtkunst entzwei", und der Umbildungstrieb in ihm rettete sich in die von Natur aus dem Positivismus weniger zugängliche und daher weniger gefährdete Malerei; und immer wieder — so in der Mitte der achtziger Jahre, als die Reihe der Schriften: „Schweizer Novellen", „Unter französischen Bauern" und die biographischen Bücher geschrieben wurden — sprang die Dichtkunst entzwei vor dem positiven Skeptizismus; denn künstlerischer Skeptizismus ist nicht immer negativ; er entstammt oft — wie bei Strindberg hier — dem positiven Erlebnis der überragenden Macht der Wirklichkeit gegenüber jeder menschlichen Formung. Ein Schneeberg, der Dent du Midi, ist so gewaltig, daß jedes Gedicht über ihn armselig wirkt. Die schönste Metaphysik „kitzelt die Einbildung, aber gibt keine klare Vorstellung; es wiegt die Begriffe in eine Betäubung, wo Wirklichkeit und Träume sich mischen; es ist also mit unserer Poesie wie mit dem Laster, das Rausch genannt wird . . . Ich meine, die Menschen der Zukunft werden nicht mit Gedanken und Worten spielen, denn sie haben an anderes zu denken. Ich glaube, sie werden vor der Schönheit der Natur in stille Anschauung und niemals ermüdende Bewunderung versinken, denn sie werden die Fähigkeit dazu, die uns die Kunst beinahe geraubt hat, wiedergewinnen". Und das künstlerisch-skeptizistische Fazit seines Lebens heißt: „Obgleich ich als Dichter wohl einige Tausend Personen geschildert habe, erinnere ich mich nicht, daß ich ein Gesicht anders gezeichnet habe denn als Karikatur. Das Antlitz eines schönen Weibes kann man nicht schildern, noch weniger das eines Kindes." Also das Wirklichkeitserlebnis füllt den ganzen Bereich der Seele hier so aus, daß die Kunst keinen Platz mehr hat. Deshalb bleibt auch der realistische Künstler Strindberg bei einem vorpositivisti-

schen, einem metaphysischen Realismus stehen; bei einem All-
wirklichkeitserlebnis, in dem er einen weiten Umkreis der Wirklichkeit in ihrer eigenen Realität nacherlebt. Und bei einem Gesetzes-
realismus, den er „der große Realismus" im Gegensatz zum miß-
verstandenen photographischen Realismus nennt, indem er auch
die menschliche Wirklichkeit auf Naturgesetze zurückführt; so
demonstriert er — da er als Künstler wiedergibt — am konkreten
Falle das Gesetz („Fräulein Julie"; „Die Inselbauern"). Dadurch
aber charakterisiert sich der Realismus immer: daß er ein Ich und
die Eigenbedeutung seiner Wirklichkeitsumbildung nicht kennt,
und ebenso wie die Dichtung verwirft er im Extrem das Theater als
illusionistischen Stil. Die Gewalt, die der künstlerische Realismus besitzt, basiert auf dem Eindruck, den das Objekt auf das Ich macht.
So wird Strindberg auch als Dichter Naturwissenschaftler, „stellte
spezielle Studien über die seelischen Kräfte der Tiere an und versuchte so allmählich bis zum Menschen zu gelangen. Darauf legte
er ein Hauptbuch über all die Individuen an, die er auf seinem
Wege getroffen hatte: von Angehörigen, Wärterinnen, Dienstmädchen
bis zu Schulkameraden, Studiengenossen, Verkehrsfreunden, Vor-
gesetzten..." Seine historischen Romane und Erzählungen sind
ein (allerdings nicht restloser) Ausdruck dieses realistischen Weltgefühls. Um sie zu schreiben, liest er Walter Scott, damit er in
Stimmung käme und sich in eine entlegene Zeit zurückversetzte;
damit er sich die Ingredienzien, Dekorationen und Requisiten zu-
sammenholte. Schon diese Zwecksetzung verrät ein durchaus rea-
listisches Lebensgefühl, und wenn seine historischen Dramen schwach
geblieben sind, so liegt das erstens an der Durchkreuzung seines
Realismus durch die entgegengesetzte Tendenz, die auch an ihnen
formte, und zweitens offenbar an der Verminderung seiner realistischen Fähigkeit, die dem Strindberg von achtzehnhundertundneunzig
gegenüber festzustellen ist.

Über jeden Abschnitt, der von dem Stilkünstler Strindberg
handelt, kann man als Motto setzen: „Es ging mir, wie es Goethe
ging. Ich fing damit an, die Menschen zu schildern, und es war mir

alles so glasklar, aber je weiter ich komme, desto weniger verstehe ich sie; auch Goethe fand gegen das Alter die Menschen immer sonderbarer, seltsamer." Gerade, wenn man die Blüte seines Naturalismus in den Naturschilderungen des Romans „Am offenen Meer" und in seinen „Historischen Miniaturen" betrachtet, weiß man sein eigenes Bekenntnis einzuschätzen: „Shakespeare hat etwas, das meiner Natur fremd ist." Shaw sagt dasselbe aus demselben Grunde. Das sagt der Subjektivist, der noch in all seinem Realismus verborgen steckt; der die historische Aura des „Meister Olaf" zur Maske seines Ich macht; dem die Milieuschilderungen des „Roten Zimmer" zu Ausstrahlungen seiner von der Wirklichkeit reflektierten Person werden. Daß alle Kunst, selbst schon das vorkünstlerische Aufnehmen und Wiedergeben der Wirklichkeit durch unsere Sinne notwendig stilisiert wird: dies psychologische Faktum darf nicht den wesentlichen Unterschied zwischen realistischem und stilisierendem Stil jenseits einer selbstverständlichen, physiologisch notwendigen Stilisierung verdunkeln. Dieser letzte Unterschied zwischen Realismus und Stil liegt in der schon eingangs näher erläuterten Beteiligung des dichterischen Subjekts. Im Realismus dringt dies nur bis zu den von der Wirklichkeit vorgezeichneten Konturen und füllt von sich aus nur diese Konturen aus. Wenn das Ich auch hier mit seinem Pathos diese oder jene Figur reden läßt, wenn es auch mit seinem Nuancensinn eine Landschaft abtönt; solange es die Formen der Wirklichkeit unangetastet läßt und nur mit seinem Blut auffüllt, solange es die Eigengesetzlichkeit der Realität nicht abbiegt und nur von seinem Tempo durchfließen läßt: solange ist der künstlerische Realismus gewahrt. Hierbei entscheidet der Inhalt nichts. Könige und Bauern und Bürger und Dichter, Natur und Stadt können sowohl Gegenstand des Realismus als auch einer Stilkunst werden. Es ist zwar kein zufälliger, aber auch kein notwendiger Zusammenhang zwischen der häufigen Verknüpfung unproblematischer, verhältnismäßig ungeistiger Menschen und der realistischen Form einerseits; zwischen geistigen Menschen und einer Stilisierung andererseits. Das Überzufällige dieses Zusammenhanges

ist allerdings, daß ein Realist, in dem also die Ichdynamik nicht
vorwaltet, auch für andere Ichdynamiken (wie sie sich vor allem
in dem geistigen Menschen ausspricht) keine vorwiegende Sympathie
besitzt und sie somit auch nicht zum Gegenstand seiner Darstellung
machen wird; und umgekehrt gilt das gleiche. So sagt Strindberg,
der „Einsame": „Ich bin zu lange der Natur entwachsen, die im
Steinreich, Pflanzenreich, Tierwelt ihren Ausdruck findet. Was
mich interessiert, ist die Menschennatur und das Menschenschicksal."
Das Stilisieren ist der Ausdruck der Herrschaft der Ichgesetzlichkeit
über die Dinggesetzlichkeit. Das Lebensgefühl des Ich bestimmt
nun die besondere, inhaltliche Gesetzlichkeit des Stils. Es ist
charakteristisch für Strindberg, daß er zwar nicht das Extrem des
Naturalismus (in der Richtung von Schlaf und Holz), aber das
Extrem des Stilisierens geschaffen hat: im „Traumspiel", wo die
Eigengesetzlichkeiten der Wirklichkeit aufs gröbste verletzt und der
Wirklichkeit die Gesetze eines Ich herrisch imputiert worden sind.
Doch herrscht — gemäß dem immanenten Gesetze seiner Persönlichkeit — kein Pol endgültig, also auch kein Stil. Immer ist es erst die
Realität mit ihrer Gesetzlichkeit, mit ihrer Zufälligkeit dem Sinn
gegenüber, an der sich diese die Realität überfliegende Ichwelt entzündet. Es ist keine der Realität fremde Romantikerwelt, in welcher
der Alltag rosenrot umstilisiert wird; der Alltag wird zur Pointe. Es
ist ein Hausmädchen, hinter dem man aufräumen muß; ein Zimmer,
das unheizbar ist, weil es dann raucht; ein Schreibtisch, der hinkt;
Federhalter und Schreibzeug, die tintig sind; Wäsche, die immerzu
gezählt werden muß; ein Fensterhaken, der nicht eingehakt ist; eine
Ofenklappe, die nicht geschlossen ist: es ist eine R e a l i t ä t , an der
sich das Über-Reale manifestiert. Strindbergs Kleinigkeits-Malerei ist
kein wirklichkeitsöder Stil, den ein pointeloser Alltag herausgetrieben
hat. Die Alltagswirklichkeit selbst wird metaphysisch: „Du mußt
Naturalist sein, um Mystiker werden zu können." Es ist — noch
einmal die Antinomie — realistische Stilisiertheit (wie sein Roman
„Am offenen Meer" stilisierte Realistik ist!). Schon in seine rosenrot-
romantischen Dramen wetterleuchtet die Starrheit der Realität

hinein. Doch rein persönliche Stimmung vermeidet hier Dissonanzen. In seinen Alterswerken spricht die Realität selbst aus der stilisierten Welt. Und zwar die tote Natur, wodurch erst recht der Charakter des Sinnfremden, Ichfernen, Eigenwilligen aller Realität betont wird. Und doch überwindet sich hier wieder die Wirklichkeit. Selbst, wo die menschliche Wirklichkeit eintritt, macht Strindberg durch sinnfremde Kombinationen diesen zwischen objektiver und subjektiver Welt schwankenden Charakter sichtbar: ein Laternenanzünder kommt; ein Milchmädchen geht; ein Eismann ist da. Beziehungslose Fakten, wie in der Wirklichkeit und doch jenseits aller Wirklichkeit. Wäre die Realität hier eigenen Gesetzen unterworfen, dann gäbe es keinen Zufall, und das Ich fände ein Ausruhen in dem Glauben an die Unvernünftigkeit der Wirklichkeit. Es war — wie wir gesehen haben — aber gerade das Zeichen des tragischen Menschen, zwischen dem Glauben und dem Unglauben zerrieben und zum Aberglauben gedrängt zu werden. So ist auch die Wirklichkeit wieder sinnbetont, ohne daß sich wirklich sagen ließe, in welchem Sinne sie betont ist; in welchem Sinne aber auch immer: ob im christlichen, des guten, alles moralisch abwägenden Gottes oder ob im Sinne eines Polytheismus, wo unkontrollierbare Mächte herrschen: die physische und psychische Wirklichkeit spinnt ihr Gewebe nicht aus sich selbst (wie von Shakespeare bis Ibsen). Deshalb kann jetzt auch wieder die tote Natur selbst im Menschendrama solch eine Bedeutung erlangen, weil sie nun als Ausprägungsmaterial Bedeutung gewinnt: es blitzt; das elektrische Glockenspiel läutet; die Kirchenglocken singen; der Wind heult in Fenstern und Kachelofen; Papierfetzen fliegen herum; die Dinge fallen grundlos von der Wand ab; der Schaukelstuhl schaukelt; die Dampferpfeife schrillt. Diese Lautwerdung des Toten und diese sinnlose Verknüpfung von Realitäten sind Symbole, keine Halluzinationen; Ausflüsse des tragischen Ich, Manifestationen seines abergläubischen Deutungserlebnisses: „Von Visionen wurde ich niemals heimgesucht, wohl aber erschienen mir wirkliche Gegenstände unter menschlichen Formen." In dieser stilisierten Realistik hat Strindberg die adäquate Darstellung seines

Aberglaubens gefunden. Diese Entwirklichung, das Aufheben der
Schwerkraft, dies Zerbrechen der Starrheit der Realität gibt seinem
Lebensgefühl die Empfindung der Traumhaftigkeit des Lebens und
seiner Dichtung dieses unwirkliche, schattenhafte, gespensterartige
Dasein, das in guten Stunden sich im Märchen, Märchenspielen und
erbaulichen Geschichten, in pessimistischen Stunden im furcht-
barsten Inferno entlädt. „Erinnerungen kann ich wie die Stücke
eines Baukastens behandeln, mit ihnen kann ich alles Mögliche
zusammensetzen und dieselbe Erinnerung kann zu allem Möglichen
in einem Phantasiegebäude dienen; man muß nur verschieden
gefärbte Seiten nach oben wenden; und da die Anzahl Zusammen-
stellungen unendlich ist, bekomme ich bei meinem Spielen den
Eindruck der Unendlichkeit.“ Das Gespenstersouper am Anfang
der „Gotischen Zimmer“ und in der „Gespenstersonate“ gibt von
diesem Stil der Blutlosigkeit, der ausgelaugten Spielerei künstlerisch den reinsten Ausdruck. Das Gespenst hat dies als Eigentümlichkeit: daß es sein Lebenszentrum außerhalb dieser Welt, in dieser
Welt aber kein Dasein hat. „Wenn Verstand und Nachdenken ge-
reift sind, und man über Menschen nachsinnt, beginnen deren Konturen sich aufzulösen und zu Gespenstern zu werden.“ „So liegen
schwere Schlagschatten auf dieser Welt.“ Aber alle Kompositionen
seit „Advent“ und „Ostern“ haben einen lichten Bereich: wenn
auch die Lichtquelle nicht im Irdischen, sondern im Überirdischen
leuchtet und dadurch der besonnten Irdischkeit magische Färbung
verleiht.

Deshalb ist dieser Genius auch als Künstler so groß, weil
er sein Lebensgefühl in Bildern von letzter symbolischer Kraft hat
kristallisieren lassen. So drückt sich sein Dämonenglaube in dem
typischen Bilde aus, das in „Nach Damaskus“ und „Königin Christine“ wiederkehrt, und das uns recht stark das Weltbild des abergläubischen Menschen manifestiert: „Während dieser Szene ist
ein schön dekorierter Wandschirm, mit Palmen und Paradiesvögeln,
fortgetragen worden; so daß jetzt ein elendes Kruggestell und ein
Schenktisch zu sehen sind, hinter dem die Krügerin steht und

Schnäpse eingießt. Abfuhrleute, unsaubere Weiber gehen zum Schenktisch und schnapsen." Ein anderes typisches Symbol ist die ewige Wiederkehr des Gleichen und das Umgehen der Vergangenheit, das Ineinanderverfilztsein des Lebens, das in den Rückwärtsstationen des „Traumspiels" und des „Nach Damaskus" herrlich ausgedrückt wird. Ein künstlerisches Symbol von starker Wirkung haben wir auch in der Konzentrierung vieler Einzelschicksale zu einem gemeinen Schicksal in einem Haus, das, wie etwa in der „Brandstätte", abgedeckt wird und so seinen Inhalt offenbart. Die künstlerische Formung erstreckt sich bis ins Technische hinein. Von „Gustav Adolf" sagt er: „Dieses Stück muß lang sein, auch physiologisch ermüdend wirken wie eine lange Wüstenwanderung, während der die Menschen über sich klar werden."

Strindberg hat als Künstler neue Symbole geschaffen: während Hebbel noch weltgeschichtliche Anekdoten benützt als Körper für das Erscheinen seiner Seele, während Ibsen oft nach Allegorien schielte, ist Strindbergs Seele in manchen Szenen unmittelbar adäquates Bild geworden. Er ist als Artist originaler als irgendein Dramatiker seit Kleist und Büchner.

Exkurs: Die Struktur des „Traumspiels".

An dieser einen Stelle wollen wir über die Grenze der Strindbergschen Seele hinausblicken. Nur hier beim Künstler, der ein vollkommenes Werk geschaffen hat, wollen wir nach dem Menschen noch das autonome Produkt (nicht nur seinen Symbol-Wert für die Seele) prüfen. Es wird dieser Exkurs nichts Neues hinzubringen zur Erkenntnis der tragischen Seele; höchstens Bekanntes bestätigen. Aber er wird uns zeigen, daß die Dogmatik in diesem Undogmatiker in Momenten der Ruhe sich zum Kern eines übersubjektiven Gebildes rund kristallieren konnte; daß die Intensität, wo sie sich nicht im Weitertreiben, Weiterhetzen dieses Lebens oder in explosiver Manifestation erschöpfte, die ideelle Gesetzlichkeit der Kunst bis zum letzten auswirkte. Das „Traumspiel" ist wohl das rundeste, objektivste, autarkischste Gebilde,

das Strindberg geschaffen hat. Ein Ich ist hier fast restlos Kunst-
welt geworden. Indem wir die Logik dieses Werkes analysieren,
sprechen wir von einer der gewaltigsten Manifestationen des Genies:
von seiner Macht, objektive Regeln hervorzutreiben. Wir wollen
Strindbergs künstlerische Selbstobjektivierung an diesem hervor-
ragendsten Gebilde nachzeichnen.

Jedes Urteil, welches dieses oder jenes künstlerische Gebilde
als Drama anerkennt oder ihm diesen Charakter abspricht, hat
ein Vor-Urteil: die Definition des Dramas. Bei dem Versuche, sie
zu bestimmen, wird man zu dem ganz allgemeinen hervorragenden
Problem der Logik und Metaphysik getrieben: zu Platons Frage
des τίἐστιν (des Wesens). Aber gesetzt, Platon hätte recht, und
es gäbe wie eine reine Idee des Menschen oder der Wissenschaft
so auch eine des Dramas: man könnte zu ihrer Erkenntnis entweder
nur durch reine Deduktion aus der Vernunft heraus gelangen oder
durch empirisch-historische Abstraktion. Die erste Methode hat
sich — wenigstens bisher — stets als unerfüllbares Ideal erwiesen.
Die andere aber wird nie Gewähr dafür leisten können, daß das
Urbild, die Norm, die einem Wertkriterium wird, nicht noch etwas
von irdisch-zufälligem Rest (von Zeitbedingtheit oder individueller
Geschmacksbedingtheit) an sich trägt. So soll denn hier (unter
Umgehung all dieser rein philosophischen Schwierigkeiten) weniger
nach dem metaphysischen Wesen und Rang, als vielmehr nach dem
sichtbaren Bau des Dramas gefragt werden: wir wollen ihn erkennen
in der Entgegenstellung von zwei Differenten seiner Art. Eine
repräsentiert uns das „Traumspiel". Es weicht erheblich von dem
schlechthin dramatisch genannten Kunstgebilde ab. Aber dies
Anderssein ist Eigenart; nicht Mangel; so wird dann ihr eigenes
Gesetz aufzuzeigen sein. Und es wird vielleicht hierdurch das,
was in zufälliger Beschränkung als zur Wesenheit des Dramas
gehörig erachtet wurde, nur als e i n e seiner Erscheinungsweisen
erkannt. Es wird sich bei der Betrachtung der Kunstform des
„Traumspiels" eben gerade zeigen, daß Form und Inhalt nur
ungenügende Abstraktionen sind, daß sie nur in organischem In-

einander, in lebender Wechselbeziehung da sind. So ist es wohl möglich, vermittels begrifflicher Isolation die Form ohne jeden Blick auf ihr inhaltliches Material, an dem und für das sie ist, nachzuzeichnen; ein Verstehen dieser Form, die Idee ihrer Notwendigkeit ist erst möglich, sobald hingesehen wird, wie dieser Inhalt diese Form hervortreiben mußte als ihren autochthonen Herrscher; diese Beziehung der Form auf den Inhalt ist keine Verunreinigung ihrer erhabenen Höhe. Denn auch das Inhaltsmoment, das hier gemeint wird, ist der Sphäre der individuellen Wirklichkeit enthoben. Inhalt: eben nur der dramatischen Form gegenüber. Und es werden so, korrespondierend den beiden Hauptgrund f o r m e n , die wir erkennen werden, zwei entsprechend verschiedene I n h a l t s elemente erscheinen, die zwar nicht zur Erkenntnis des Soseins der Form nützen, aber zum Erlebnis ihres Soseinmüssens hinführen werden. Das „Traumspiel" gewinnt uns hierbei, über seine Besonderheit hinaus, die Bedeutung einer typischen dramatischen Struktur. Und es steht nun für uns in einer doppelten Funktion: die Dichtung zu deuten, suchen wir die Eigenart der Form zu fassen. Und die Eigenart der Form suchen wir wiederum zu ertasten zur Erhellung dramatischen Gefüges überhaupt.

Es gilt vor allem, die Charakteristik d e r dramatischen Form zu gewinnen, mit der die Struktur des „Traumspiels" verglichen werden soll. Sie erstreckt ihren Herrschaftsbereich unendlich weit: über Shakespeares und Goethes, über Äschylus' und Ibsens Dramen. Wie verschieden deren Bau im einzelnen sein mag — und die Differenzen gehen sehr tief — so bilden sie dem „Traumspiel" gegenüber eine unleugbare Verwandtschaft. Diesen Familienzug gilt es mit Rücksicht auf das „Traumspiel" zu skizzieren. Wir haben es hier überall mit einem System von Individualitäten zu tun. Ihre Handlungen und Reden wie ihre Gefühle sind vieltönend und zugleich aufeinander abgestimmt; ihrem Sein sind bei gewisser Bewegungsfreiheit doch Grenzen gesetzt: daß sie immer Funktion des ideellen Mittelpunktes der dramatischen Einheit sein müssen.

Den handelnden Personen ist ihre Stellung zum Zentrum des Dramas gegeben, näher oder ferner, je nach ihrer Bedeutung für das Ganze. So scheiden sich — wenn auch in etwas roher Trennung — Nebenfiguren von Hauptfiguren. Aber der Idee nach muß noch die unbedeutendste Gestalt — natürlich nicht im Statistensinne — ein integrierender Bestandteil des Dramas sein. Es ist dies wohl alles nur eine weitere Umschreibung der Forderung einer organisierten Einheit. Das Zusammen und Gegeneinander der Individuen trägt nun die Form des Ziels aufgeprägt. Etwas spitz ausgedrückt: sie zielen alle auf eine Pointe. Am Ende ist etwas, was am Anfang noch nicht war, worauf er aber hinzielte. Und ob es nun eine synthetische Entwicklung ist, wie bei Schiller, oder das analytische Sichausgestalten einer Situation, die keimhaft schon das Kommende in sich schließt — so bei vielen Dramen Ibsens oder der griechischen Tragiker —: wir haben hier überall ein Werden zu einem neu und zum erstenmal Daseienden. Und der Strom dieser Entwicklung faßt alles wider- und miteinander zu einer richtungsmäßig einheitlich bestimmten Bewegung zusammen. Der Lear ebenso wie Rosmersholm sind in diesem Sinne schöpferische Entwicklung. Hiermit hängt aufs engste auch die Bedeutung der Zeit für diese Dramen zusammen. Die Zeit, die verfließt, während sich das Drama vor uns abspielt, ist ja keineswegs die dem Drama immanente Zeit. Selbst bei ihrer quantitativen Gleichheit würde noch ein sehr erheblicher Unterschied dort liegen: daß der dramatischen Zeit unverkennbar ein qualitatives Moment zukommt, eine Tatsache, die in hervorragendem Maße ebenso etwa in der gegenseitigen Unabhängigkeit zwischen Takt und Rhythmus (Rhythmuswechsel bei Uniformität des Taktes) bei musikalischen Gebilden zum Ausdruck gelangt. Und vergleicht man zwei gleichlange dramatische Szenen (etwa die Falstaff-Dortchen-Szene im Wirtshaus mit der Schlußszene des „Kaufmann von Venedig"), so sieht man, daß es für das Allegro vivace dort und das abklingende Andante hier kein gemeinsames Maß gibt. Diese individuelle, immanente, m u s i k a l i s c h e Zeit läßt sich nicht fortdenken, eben weil sie schöpferische Zeit ist, während der sozusagen äußere Zeitablauf das Kunstwerk nicht berührt. Mag es psychologisch gelingen, in einem kleinsten Bruchteil einer Sekunde vielleicht das dramatische Gebilde zu reproduzieren und so die zeitliche Form fast ganz zu tilgen; die immanente Zeit gehört zu den integrierenden Bestandteilen des dramatischen Gewebes. Dieser Zeitbegriff hängt auch recht eng mit dem Wesen der Peripetie zusammen. Darum ist es ihrem eigentlichen Sinn nach nicht recht angebracht, den Begriff der Peripetie räumlich zu fixieren als höchsten Punkt einer Kurve mit einem aufsteigenden und einem fallenden Ast. Sondern der Wendepunkt wird vor allem zeitbildend sein für das zu ihm hin und von ihm hinweg. Als Beispiel könnte mancher moderne Walzer dienen, dessen Rhythmus schon lange vorher einen Moment ahnen läßt, in dem ein geforderter Ton anklingen muß; von dem aus das Zeitmaß des Vorher und Nachher bestimmt ist. — Die Individualität der Gestalten ist in den einzelnen Dramen von recht verschiedener Intensität. Und es hängt dies natürlich zutiefst mit der Stellungnahme zusammen, die Zeiten und Dichter bewußt oder meistens unbewußt zu dem Rätsel der Individualität genommen haben; aber man wird wohl sagen dürfen, daß das Individualisieren überhaupt — denn auch Typen sind noch Individualisierungen — Lebensbedingung dieses Dramas ist.

Wenn nun das Wesen der dramatischen Form, die hier gemeint ist, ziemlich abstrakt begrifflich festgelegt ist, so muß man sich vergegenwärtigen, wie hoch auf dem Wege zur Spitze der Begriffspyramide unser Begriff liegen muß, wenn er solch eine bunte Gestaltenfülle umgreifen will. Die geringe Anzahl der hervorgehobenen Züge ist aber dadurch gefordert, daß der Gegensatz zu der von uns gesuchten dramatischen Form das Auswahlprinzip bildete, das ja nur bestimmte Momente hat herausheben wollen. Vor allem aber ist zu betonen, daß dieser umschriebene Typus Darstellung einer Tendenz war, die zwar in den zitierten Dramen ihre Verkörperung gefunden, aber nicht vollständig Ansätze zu gegensätzlichen Tendenzen in ihnen ausschließt. Diese Inadäquatheit des Begriffs sei auch hier besonders betont.

Bevor wir aber von unserem gewonnenen Bilde aus den strukturellen Zusammenhang des „Traumspiels" zu erfassen versuchen, ist im voraus noch zwei prinzipiell möglichen Widerreden zu begegnen, deren eine eine Abweichung der Form des „Traumspiels" von dem eben aufgewiesenen Typus überhaupt leugnet, deren andere eine Ansicht entwickelt, die Strindberg selbst inauguriert zu haben scheint. In seinem ganz knappen Vorwort, das er zum „Traumspiel" schrieb, sagt er, daß er es versucht hätte, „die unzusammenhängende, aber scheinbar logische Form des Traumes nachzuahmen". Und eben dieses ausdrückend in einem Briefe an Schering: „Die Form ist ja im Vorwort motiviert, das Sammelsurium des Traumes, in welchem es doch eine gewisse Logik gibt." Und diese „gewisse Logik" — so könnte man sagen — ist das Gesetz dieser eigenartigen Form, und ihr näheres Begreifenwollen führt zur Psychologie des Traumes. Nun läßt sich ganz gewiß nicht leugnen, daß hier feine traumpsychologische Beobachtungen in das Drama eingegangen sind (unsere Examensträume werden bei der Magisterszene wieder rege). Auch bleibt der Traum nicht ein Außen, wie etwa in „Hanneles Himmelfahrt" als Gegensatz zum traumlosen Leben und sich diesem unterordnend, oder eine Technik wie in „Elga", sondern er durchtränkt alles mit seiner Eigenart. Man denke vielleicht an die Folge der Bilder, deren eines mit dem polizeilichen Verbot zur Öffnung der geheimnisvollen Tür endet, deren anderes das Schicksal des Advokaten zu ihrem Inhalt hat. Wie nun der Traum ein Gewebe ist, das aus vielen einzelnen Stückchen zusammengesetzt ist, deren jedes um einen eigenen Mittelpunkt zentriert ist, aber doch freiendige Fäden ins Nachbargewebe schickt, ohne sich ihm zu verknüpfen, so ist auch das Nebeneinander dieser Szenen. Die Hauptpersonen, die die Öffnung der geheimnisvollen Tür gewollt hatten, stehen vor dem Büro des Rechtsanwaltes, ohne auch nur im geringsten Zusammenhang mit dem Sinn der sich entwickelnden Szene zu stehen. Die Bedeutung des Traumes ist also für diese Dichtung recht groß. Nur wird sie sich uns als eine erst abgeleitete offenbaren und seine Gesetze deshalb als höheren Gesetzen untertan.

Denn was heißt es, daß ein Kunstwerk die Form eines Traumes
haben soll? Wäre das nicht eine neue, üblere Aufnahme eines
irrenden Realismus? Gibt es denn im Gegensatz eine Form des
wachen Lebens? Ist nicht Leben, das doch den Traum in sich
befaßt, gerade Gegensatz zur Kunstform, oder besser das erst
künstlerisch zu formende Material, ist es nicht das gerade zu über-
windende? Man ist wohl auch berechtigt, anzunehmen, daß Strindberg, wenn er in den zitierten Äußerungen von Form spricht, nicht
den eminenten Sinn des Wortes gemeint hat. Und dies nicht,
weil der Künstler sich der Normen, nach denen er schafft, bewußt
wäre, oder dies als Forderung gelten könne, sondern weil er selbst
die Worte sprach: „Was ist Gedicht? Nicht Wirklichkeit, aber
mehr als Wirklichkeit; nicht Traum, aber wache Träume." Der
Traum ist Chaos (weil der Sinn einzelner Teilinhalte nicht unter
einer übergreifenden Sinneinheit steht), das „Traumspiel" aber ist
Kosmos, ist ein gebundenes Gefüge.

Ebensowenig wie es von der Traumwirklichkeit her gelingt,
das Wesen der Form des Kunstwerkes hier zu verstehen, ebensowenig ist es angängig, dieses Drama dem schon geschilderten Dramen-
typus dadurch zu unterstellen, daß man die Gestalt der Tochter
Indras in das ideelle Zentrum der Dichtung rückt und etwa sagt:
wie die heterogensten Szenen des „Faust" ihre Einheit in Faustens
Leben haben, ebenso stehe es hier. Suchen wir die Leistung von
Indras Tochter für das dramatische Ganze begrifflich zu erfassen,
so erkennen wir, daß sie für die einzelnen Szenen das ist, was die
rote Schnur den Korallen: der Faden, an dem sie sich aufreihen
können. Doch sie erfüllt mehr, eine Doppelfunktion: neben dieser
gewissermaßen hervorragend technischen Rolle hat sie noch die
Existenz der anderen, verliert dann aber ihre überragende Stellung
und wird eine unter vielen. So ist sie in einer Person mit den anderen
und ü b e r den andern. Diese Dualität, die sich von inhaltlicher
Zwiespältigkeit in einen Bruch der Form fortsetzt, wird uns in
anderen Zusammenhängen noch sehr bedeutsam werden. Hier ist
wesentlich, zu sehen, daß wir es mit keinem Drama zu tun haben,

welches das Erdenwallen der Tochter Indras darstellt, so etwa wie uns
Goethe Faustens Erdenwanderung dichtete. Daß sie also eine mecha-
nische, aber keine künstlerische Einheit bietet. Da von der Stellung,
die man Indras Tochter gegenüber einnimmt, sehr viel für die Erkenntnis der Form des „Traumspiels" abhängt, so ist schon hier mit
einigen Worten näher auf ihren Sinn einzugehen. Im „Faust" haben
wir das Leiden des Menschen, der sich selbst erlöst, dadurch, daß er
sich überpersönlichen Aufgaben hingibt, daß er sich selbst verneint
und das Leben bejaht, besser: daß er seine Bejahung in der Bejahung übergreifender Lebenszusammenhänge ausdrückt. Und zwar
ist dies der erfolgreiche Prozeß eines Ringens, der mit rücksichtslos-
ausschließlicher Selbstbejahung seiner Sinnlichkeit, aber auch seiner
Geistigkeit beginnt. „Aber um aus dem Erdstoff befreit zu werden,
suchen Brahmas Nachkommen die Entsagung und das Leiden."
Zwischen der Welt des Faust und der Welt Indras klafft eine uner-
meßliche Kluft; eine Gegensätzlichkeit wird erkennbar, die ihre
Wirkung bis in die Formgebung erstreckt und hier ihren endgültigen
Ausdruck findet. Indem wir hier noch bei dem gegensätzlichen Unterschied zwischen Faustens Welt und der Welt der Tochter Indras
bleiben (sie haben für uns hier natürlich nur repräsentativen Charakter), ein Gegensatz, der sich, wenn man so will, im Inhalt der ge-
formten Welt gebiert, und erst sekundär in der Form fortsetzt,
stellen wir dem abstrakten Inhalt des geschilderten Typus einen
ebenso abstrakt gemeinten Inhalt des „Traumspiels" gegenüber
und bereiten damit die Einsicht in seine Form vor. Bedeutsam
ist vor allem, daß Indras Tochter nicht die Erlösung e r r i n g t.
Deshalb kann sie auch nicht den Erlösungsprozeß der Menschheit
darstellen, weil sie in ihrem metaphysischen Sein ein anderes Selbst
besitzt als die anderen Menschen. Im Faust hat die Menschheit
sich zur Erlösung hinaufgerungen. Im „Traumspiel" weitet sich
eine Kluft zwischen der unerlösten Menschheit und Indra, die doch
im G r u n d e jenseits von Erlösung und Leiden steht und deshalb
doch auch in diesem Drama der leidenden Menschheit nicht die
geistige Mitte sein kann. Wie ihr Sein sich dann dem Ganzen ein-

fügt, ist eine noch offene Frage. So ist es — scheint mir — unmöglich, hier ein Erlösungsdrama zu sehen. Vielleicht, daß psychologisch (von Strindberg her gesehen) der Akzent des dramatischen Pathos auf dem Mysterium der Erlösung liegt. Für das Kunstwerk ist es vor allem Rahmung, sein Inhalt aber das unerlöste Leiden. Dies wird nun grundlegend für die Formbetrachtung sein und hier seinerseits Bestätigung finden.

Der Charakter des „Traumspiels" scheint mir durch zwei Wesenszüge bestimmt, die ihrerseits wieder innigen Zusammenhang haben, nämlich: einmal durch das pessimistische und dann durch das romantische Grunderlebnis. Die romantische Sehnsucht, das Unendliche des Lebens im endlichen Gebilde einzufangen, hat hier eine k ü n s t l e r i s c h e Lösung erreicht. Gewiß ist das Erlebnis von der Nichtigkeit und dem Elend des Lebens vorläufig doch ein inhaltliches Moment, das sich auch ohne weiteres einer dramatischen Formung fügen möchte, wie wir sie zuerst dargestellt haben. Aber dies ist eben das Einzigartige an Strindbergs Dichtung: daß das pessimistische Erlebnis metaphysische Tiefe gewinnt, die künstlerisch in der Form gespiegelt wird. Wie sehr aber nun vom Inhaltlichen her sich die ganze Formung vollzogen hat, zeigt uns am besten eine Betrachtung der Struktur, die nun auf dieselben Momente Rücksicht nimmt, dieselben formkategorialen Bestandteile heraushebt, wie unsere eingangs angestellte Untersuchung. Da ist es vor allem wesentlich, zu sehen, welche Bedeutung hier der Zeit zukommt. Vielleicht läßt sich sagen, daß dieses Drama die Zeit vollkommen eliminiert hat, und zwar in dem Sinne, den wir schon bezeichnet haben: es verkörpert die Unfruchtbarkeit, das Unschöpferische. Wenn Kant es einmal als ein Charakteristikum der Zeit angegeben hat, daß ihre Abfolge gerade im Gegensatze zu der im Raume eindeutig bestimmt ist, so trägt dieses Drama wohl durchaus räumlichen Charakter. Das Nacheinander ist hier nur psychologisches Faktum, wie die Ellipseneigenschaften aufeinander zu folgen scheinen, wenn einer sie nacheinander aufweist. Tatsächlich ist zwischen Anfang und Ende auch kein Millionstel einer Sekunde

verstrichen. Es ist hier alles gesehen sub specie aeternitatis. Vielleicht drängt sich diese Einsicht der Zeitlosigkeit am deutlichsten
in der Szene auf, in der Indras Tochter Abschied von der Erde
nimmt, und nun alle die Gestalten, deren Lebensschicksal sie erlebt
hat, in raschem Zuge über die Bühne ziehen. Hier wird auch äußer-
lich die Zeit fast dimensionslos, und die Menschen stehen mit ihrem
Schicksal vor uns, nicht als ob sie geworden wären, sondern als ewig
dieselben, als der Zeit enthobene Gezeichnete. „Das ganze Leben",
sagt der Advokat, „ist nur Wiederholung." Das ist das ergreifende
Thema, das sich in der Lehrerszene ausdrückt, das noch eindrucks-
voller variiert wird, wenn der Offizier vor dem Hause seiner Victoria
vergeblich wartet; und er wartet eine ganze Jugend und wird
alt, und wird wieder jung und wartet wieder. Er ist nicht nur
in schneller Abfolge Jüngling und Greis, sondern auch Greis und
Jüngling. Mit der Zeit verliert natürlich auch die unumkehrbare
Reihe ihre Bedeutung. Aus jeder Rede hallt es heraus: „Ich glaube,
wir haben schon einmal woanders gestanden und diese Worte gesagt." Hierin liegt das ganze metaphysische Grauen der ewigen
Wiederkunft der Dinge, die hier nicht unter dem Spiralenbild
einer verfeinerten, modernen Geschichtsphilosophie, auch nicht als
zurücklaufend in denselben Kreis gedacht wird; sondern — wie noch
deutlicher im „Nach Damaskus" — als Zurückgehen eines gerad-
linigen Weges; und auch hier offenbart sich die Idee von der ewigen
Wiederkunft der Dinge, trotz ihrer bekannten Einstellung in die
lebensbejahendste Gedankenwelt, durch Nietzsches philosophische
Hymnen als lebensabgewandte Tendenz; das zeitlos Unverbundene
wird noch stärker empfunden in der atomisierten Unverknüpftheit
der Szenen, besser: der Handlungsmomente.

    Wir haben die für die Form des „Traumspiels" sehr wichtige
Kategorie der Zeit in ihrer negativen Bedeutung betrachtet: woher
die Abwandlung ihrer für den anderen Typus doch konstitutiven
Macht? Es muß betont werden: daß die Betrachtung der Zeit
als Illusion, als nicht zum wirklichen Wesen der Dinge gehörig,
nicht zum Pessimismus hinzuführen braucht. Das zeigt uns für

eine Möglichkeit Spinoza. Andrerseits liegt es nicht im Wesen des Pessimismus, die Zeit als das Nichtseiende zu zeichnen. Pessimismus ist ja kein theoretisches Weltbild, sondern erst seine Auswertung; kann sich demzufolge an die verschiedensten Weltgrundrisse ansetzen. Die Ausgestaltung des Pessimismus, wie er uns hier im „Traumspiel" k ü n s t l e r i s c h gegeben ist, der also in der Zeit ein μὴ ὄν (ein Nichts) erblickt, haben wir philosophisch im Systeme Schopenhauers. Wie ja unschwer das Herauswachsen dieses Kunstwerks aus der Schopenhauerschen Erlebniswelt klar liegt:

> „Warum kommst du denn mit Schmerzen,
> Warum quälst du deine Mutter,
> Menschenkind, wenn du ihr schenken
> Sollst die Mutterfreude,
> Freude über allen Freuden?
> Warum wachst du auf zum Leben,
> Warum grüßest du das Licht denn,
> Mit Geschrei voll Bosheit und voll Schmerzen?
> Warum freut dich nicht das Leben,
> Menschenkind, des Lebens Gabe
> Soll ja sein die Freude selbst?
> Warum zeugt man uns wie Tiere,
> Uns von Götterstamm und Menschenart?
> Heischt der Geist ein andres Kleid nicht,
> Als das hier aus Blut und Schmutz!"

> „Und die Wanderung beginnt dann
> Über Dornen, Disteln, Steine;
> Geht es auch einmal gebahnten Weg,
> Wird er gleich genannt verboten;
> Pflückst du eine Blume, bauz!
> Siehst du, daß ein andrer sie besitzt;
> Liegt im Wege nur ein Acker,
> Und du mußt ihn vorwärts doch,
> Trittst hinauf auf anderer Saat;
> Andre treten dann auf deine,
> Um den Unterschied zu mindern!
> Jede Freud', die du genießt,

Allen andern bringt sie Kummer,
Doch dein Kummer keinem Freude,
Darum ist es Kummer über Kummer!
Also geht's bis an den Tod,
Sie leben, wie sie können,
Von Tag zu Tage,
Wandern im Staube, Söhne des Staubes,
Vom Staube geboren,
Zu Staube werden sie!
Füße zum Treten kriegten sie,
Flügel nicht!

Das Lebensgefühl, das sich in der Bedeutung der Zeit nicht nur inhaltlich ausspricht, sondern auch in der Form ausdrückt — und dies ist künstlerisch das allein Wesentliche —, offenbart sich nun auch in allen bedeutenderen Bestandteilen des dramatischen Zusammenhanges. Wo keine Zeit ist, da ist auch kein Zweck. Das hat schon Spinoza deutlich gesehen. So kann auch hier von einem teleologischen Zusammenhang keine Rede sein, in dem Sinne etwa, wie er sich vom Lear oder vom Faust behaupten ließe. Der Vergleich mit einem Organismus, der dort seine guten Gründe hätte, wird im „Traumspiel" gegenstandslos. Denn daß zumindest einige wichtige Organe der dramatischen Dichtung in funktioneller Abhängigkeit voneinander leben, daß also die Zerstörung eines dieser Organe das Ganze vernichtet, muß für jedes organische Gewebe gelten. Aber welche Figur ließe sich in Strindbergs Dichtung nicht ohne Gefährdung des Ganzen entfernen? Hiermit ist die Bedeutungslosigkeit der Individuen schon gegeben. Wer an Falstaff oder Heinrich IV. denkt, an Antonio und Tasso, an Brand und Rektor Kroll: und er zitiert dann die Gestalten des „Traumspiels", der wird in diesen das monotone Leben qualitätsloser Wesen verspüren. Der Lordkanzler stellt uns kein anderes Sein dar als der Zettelankleber mit seinem Senkhamen, der Quarantänemeister kein anderes als die vier Dekane. Am offenbarsten ist das dort, wo Strindberg nun auch den Individualitätsunterschied verwischt, den er selbst sonst so stark metaphysisch vertieft hat: in der Eheszene zwischen dem Advokaten und Indras Tochter. Man denke sonst an ähnliche Szenen im „Vater" oder im „Totentanz" etwa, an manches Kapitel seiner Lebensgeschichte: wie dort die geschlechtliche Zweiheit wie aus metaphysischen Tiefen emporwuchs. Und wie sie hier dem einen gewaltigen Thema als Variante untergeordnet wird: ich bin Du. Die Schemenhaftigkeit und die Traumatmosphäre der Dichtung beruht doch nicht zuwenigst darauf, daß das wahre Leben sich hier nicht ausformt in Gestalten; daß das, als was sie uns erscheinen, von ihrem Sein abgelöst ist. Dies aber ist das allen gleiche Leiden. Darin liegt nun auch die Bedeutung des Traumes für dies Drama: daß das, was sich uns darbietet, sozusagen wesenlos ist und daß die Bedeutung der Erscheinung jenseits ihrer selbst liegt. Das transzendente Jenseits wird uns nicht nackt gezeigt — das wäre Begrifflichkeit, Metaphysik —, sondern in seiner farbigen Verkleidung, in dem aber doch stets der leise Unterton mitschwingt, daß die Farbe illusionär ist, nicht zur Essenz gehört. Es entspricht nur dieser Auffassung der Individualität als Illusion, daß hier keine Hauptfiguren und keine Nebenfiguren sein können, und daß eine Regie ihre Aufgabe verfehlt, die hier einzelne Schauspieler ihr Sein kräftiger entfalten läßt als andere. Dieses isolierte Sein, das jede Person der andern gegenüber zur Schau trägt und das erst in einer ganz anderen Dimension von einer engen Zusammengehörigkeit überwunden wird, geht aus der Grundstimmung hervor. Unsere Parallelisierung könnte noch auf die Kategorie der Exposition, der Peripetie und beliebig viel andere das dramatische Gewebe erzeugende Kategorien ausgedehnt werden; etwas Wesentliches haben sie nicht mehr zu sagen, da sie ja nur Modifikationen eines Prinzips sind.

Alle diese Besonderheiten des „Traumspiels" lassen sich nun auch als ein Durchbrechen der dramatischen Form, wie wir sie eingangs kennengelernt haben, bezeichnen, wenn man den Umfang, die reiche Fülle des Stoffes nimmt, der in die Form eingegangen ist. Sehen wir zu, wieviel von der Unendlichkeit des Lebens in dem Drama ausgestaltet wird, wenn wir selbst an den „Faust" denken, an dem wir doch gewaltigste Lebensweite immer wieder empfinden: so müssen wir gestehen, daß immer nur ein unendlich winziges Stück Leben zur Form erhoben ist. Und charakteristisch genug, die Form der Emilia Galotti kann die Lebensfülle des Faust nicht mehr zwingen. Charakteristisch auch, daß die Romantik, deren großes künstlerisches Problem es war: das prinzipiell Unendliche in endlicher Gestalt zu fassen, mehr das Gedicht und den Roman als das Drama gepflegt hat. Strindbergs „Traumspiel" hat nun — wie ich glaube — diese Antinomie zwischen der Unendlichkeit des Lebens und der Endlichkeit des Kunstwerks so überwunden, wie analog das Naturgesetz die Fülle der Erscheinungen überwindet. Doch auch wieder von ihm verschieden. Das Naturgesetz hat die Kraft dazu, weil es von allen übrigen Wesenszügen einer Erscheinung absieht. Strindbergs „Traumspiel" abstrahiert nicht von allen übrigen außer dem einen Grundzug, sondern er negiert sie vollkommen. Nicht, daß er das unendlich Traurige des Lebens als eine vielen anderen koordinierte Eigenschaft ansieht, vielleicht auch als weit überragend, sondern er nimmt die grundlegende Formung vor, daß er das unendliche Leiden am Leben zum Wesen, alles andere zu seinen Erscheinungen macht.

Wenn wir das geheime Gesetz des Lebens kennen, ist es in seiner unendlichen Weite in einem kleinsten Teil gegeben; wie sich die ganze Zahlenreihe in einem begrenzten Stück ihrer selbst beschließt, wenn wir ihr immanentes Gesetz wissen. So ungeheuer reich der Ausblick auf das Leben ist, den Goethes Faust uns gibt, gerade er erzeugt doch das Gefühl, daß das Leben nicht zu umgreifen ist. Strindbergs „Traumspiel" entläßt uns in dem Glauben, daß es nichts mehr unter der Sonne gibt, was uns etwas zu sagen hätte; das Leben liegt so klar und durchsichtig vor uns gebreitet, als hätten wir es erschaffen. Nun sind in jedem Dichter gewisse, logisch seinem Schaffen vorangehende Intuitionen, die der Welt seiner Gestalten Substanz sind. Denn doch wohl nur so ist die Grenze zu ziehen zwischen Kunstfertigkeit und Kunstwerk: daß ein vom Künstler geschaffenes Werk Ausdruck gibt von einer einzigartigen und zugleich objektiven, der Willkür entzogenen, sinnlich-gedanklichen Zusammenfügung der uns gegebenen Stücke der Welt zu einer Sinneinheit. Diese Intuitionen erleben wir aus den Dramen des Äschylus, wie aus denen Shakespeares und Büchners, wie sehr oder wie wenig auch im einzelnen ihre begriffliche Formulierung gelingen mag. Sie ist aber beim Drama nur da in den Gestalten und durch sie. Beim „Traumspiel" nun ist dies etwas Besonderes: daß die Grundintuition sich nicht nur von ihrer gewählten, besonderen Art, da zu sein, ablöst, sondern auch diese ihre spezifischen Ausdrucksformen gewissermaßen einzusaugen versucht. Vielleicht können wir ein Drama begrifflich in die beiden Komponenten zerlegen, die letzten Endes an die allgemeine Subjekt-Objektrelation überhaupt erinnern: in die Weltelemente, die der Dichter hinnimmt und zusammenfügen soll (es ist hier vor allem an den ganzen Bereich psychologischer Gegebenheiten zu denken) und in seiner Grundkonzeption vom Ganzen. Shakespeares Lustspiele lassen zum Beispiel ihre Urzelle, aus denen sie der Idee nach, nicht etwa psychologisch, geworden, sehr stark hervorleuchten; im „Traumspiel" schauen wir fast die reine Idee. In sehr enger Verknüpfung hiermit steht es nun, wenn es den Anschein hat, als sei Strindbergs „Traumspiel" mehr philosophisch-rational als künstlerisch. Denn: wo das Neue und Zufällige, das in diesem Sinne Irrationelle des Lebens, so vollständig getilgt ist, wo die Überraschung des Objektiven so gänzlich ausgeschlossen, kann man wähnen, den reinen Vernunftbegriff zurückzubehalten. Aber diese Gleichsetzung von subjekterzeugt und rational ist doch sehr unberechtigt. Sie gewinnt nur einen Schein von Wahrheit durch die häufig sehr starke Neigung von Indras Tochter, ein philosophisches Seminar abzuhalten. Überhaupt ist Indras Tochter vielleicht die einzige Gestalt, die nicht in den künstlerischen Prozeß eingegangen ist. Daß sie von sich aus nicht imstande ist, die Einheit des Dramas zu verbürgen, haben wir gesehen. Zudem trägt sie noch die für ein künstlerisches Gebilde sehr undankbare Rolle: uns die Quintessenz begrifflich zu formulieren. Noch einmal wird sich nun das

Unglück ihrer Existenz überhaupt erweisen, wenn wir die immer noch offene Frage nach der Einheit des „Traumspiels", also die logisch erste Formfrage, tun. Wir haben den strukturellen Zusammenhang des eingangs skizzierten Typus kennengelernt und auch die auflösenden Elemente, die — in der Fiktion natürlich — im „Traumspiel" diese Form gesprengt haben. Was ist nun das Prinzip dieser neuen Synthese, deren Kategorienkomplex wir — nur negativ — schon eingehender bezeichnet haben? Die Einheit ist hier zersetzt. Ist es nicht, als ob die fließende Kontinuität des Lebens in diskrete Teile auseinandertritt, wie wenn flüssiges Quecksilber in lauter sich absondernde Kügelchen übergeht? Vergegenwärtigen wir uns beispielsweise den „Tasso", so glauben wir einen einheitlichen Zusammenhang zu erblicken, den wir als Zuschauer rein abspiegeln (wobei natürlich die sozusagen erkenntnis-theoretische Seite der Frage hier nicht berührt werden soll). Im Gegensatz dazu aber ist die Einheit des „Traumspiels" erst vom Subjekt, vom Zuschauer gewissermaßen vollzogen. Es liegt hier, wie es scheint, eine höhere Aktivität des aufnehmenden B e w u ß t s e i n s vor. Dieser Vorgang hat eine gewisse Analogie zum Induktionsschluß. Wie mitten heraus, aus gegebenen Einzelheiten, plötzlich ein Umfassenderes hervorleuchtet, das alles Besondere umspannt — ein eminent künstlerischer Prozeß —, so taucht uns auch aus einzelnen Stücken des Lebens plötzlich sein ganzes Antlitz auf und vom Bild des Ganzen her werden die einzelnen Teile zur Einheit organisiert und erhalten ihre Substanz, die sie bindet. Sie bedeuten nur etwas in dem Ganzen und durch das Ganze. Selbstverständlich heißt vom Subjekt vollzogene Vereinheitlichung nicht willkürliche Tat, sondern nach vom Dichter geschaffener Norm vollzogenes Tun.

Durch uns aber ist das Kunstwerk da. So ist etwa ein impressionistisches Bild in einem anderen Sinne da als ein klassisches. Es ist für den künstlerisch Empfangenden der Genuß um so höher, je mehr er an dem Aufbau des Kunstwerkes für sich mit schaffen kann. Bietet sich nun, wie wir gesehen haben, prinzipiell das „Traumspiel" der Aktivität des Zuschauers in besonders hohem

Grade an, so wird diese Tatsache doch wieder durch einen Mangel der künstlerischen Komposition paralysiert: durch die Gestalt von Indras Tochter. Sie ist der Zuschauer auf der Bühne; sie denkt und fühlt uns alles vor. Sie spielt die Rolle desjenigen, der die Pointe eines Witzes gerade in dem Augenblicke begrifflich expliziert, in dem wir selbst die Auflösung vollziehen wollen.

Es ist unschwer, das Wesen dieser Einheit, die das Kunstwerk nicht hat, sondern die erst vom Subjekt her gestiftet wird, genauer zu charakterisieren. Abgegrenzt werden muß sie auf jeden Fall gegen die Lockesche wie gegen die Kantische Subjekt-Tat, gegen das notwendig irrtümliche Hinzutun einer Einheitsklammer und gegen die Betonung allein subjektiv r a t i o n a l e r Einheit. Wir haben es hier mit einer Ursynthese zu tun, die das empirisch gegebene Mannigfaltige in sich hineinzieht; hier ist die Einheit wirklich das Allererste und der Kristallisationspunkt aller Einzelheiten. Dieses sich so starke Geltendmachen einer Grundsynthese gibt dem „Traumspiel" auch die Ähnlichkeit mit einer philosophischen Konzeption. Daß dies kein Tadel sein kann, erhellt schon daraus, daß die Grundkonzeptionen der großen Philosophen doch auch eminent irrational sind, ergibt sich ferner daraus, daß die Ausgestaltung dieser Ureinheit, die der Philosoph in den allerspitzesten Begriffen zu vollziehen hat, Strindberg tatsächlich künstlerisch, nicht räsonnierend vollzog, wie es uns die Betrachtung der dramatischen Kunstform zeigte. Die Welt, wie sie Strindberg hier gesehen, hat sich in der Kunstform des „Traumspiels" einen durchaus adäquaten Ausdruck gegeben.

Dies wird uns um so sichtbarer, wenn wir nun noch der wichtigen Frage nachgehen, wieso denn eigentlich dies Drama, das sich zur Erlösung von Indras Tochter aufzugipfeln scheint, kein Erlösungsdrama ist, ja ihm im tiefsten Grunde entgegen. Vielleicht machen dies zwei Erlösungsdramen deutlich, die aus demselben Geiste geboren: sind Strindbergs „Nach Damaskus" und Richard Wagners „Nibelungenring". Obschon ganz der Welt des „Traumspiels" zugehörig, müssen wir sie dennoch dem Formentypus zuordnen, der die schöpferische Entwickelung der Zeit, die Ausprägung individueller Gestaltung, die Richtung auf ein Ziel (nämlich die Erlösung) als Charakteristisches trägt. Begrifflich klar wird uns diese Merkwürdigkeit natürlich am besten dort, wo diese Welt theoretisch ausgeformt ist: bei Schopenhauer. Hier wird eine fundamentale Schwierigkeit ganz offenbar: wie der Wille sich verneinen kann, das heißt, wie ein Erlösungsprozeß, der doch die R e a l i t ä t d e r Z e i t v o r a u s s e t z t, möglich ist. Ist die Zeit Illusion, so ist auch der Erlösungsprozeß (der nur in der Zeit sein kann) Illusion, und da von einer Erlösung im Werden also nicht mehr die Rede sein kann, das Sein der Menschen aber noch unerlöst ist, so liegt hier offenbar der Punkt, von dem aus wir Einblick in die Eigenart und Differenz der Form der „Nibelungen", des „Nach Damaskus" und des „Traumspiels" gewinnen. Die zwei Elemente, die bei Schopenhauer nicht zu einer Synthese zusammengehen wollen, Akosmismus und Erlösungsidee, drücken sich im „Traumspiel" in zwei getrennten dramatischen Reihen aus, deren eine der Erlösungsgang von Indras Tochter ist, deren andere das unerlöste Sein der Menschheit. Nur liegt hier auch in dem einen Falle kein wirklicher Erlösungsprozeß vor (auch das wachsende Schloß überredet dazu nicht); wir können noch nicht einmal an das Mysterium der Lösung durch stellvertretendes Leiden glauben. Das In-den-Hintergrund-Treten des Erlösungsgedankens hat hier auch die Form bestimmt. Das wandelt sich nun aber in „Nach Damaskus" — um das Spezifische der „Nibelungen" beseite zu lassen —, indem der Erlösungsprozeß hier zum eigentlichen Thema wird, aber nun auch die Welt des ewigen, unabänderlichen, sinnlosen Leides in den Hintergrund rückt, auf dem sich der Passionsweg, der zur Gnade führt, um so heller abhebt. Diese Wandlung spiegelt sich klar in der Wandlung der Form wider, und wir werden an Faust gemahnt, bei der Vision des Unbekannten in „Nach Damaskus": ihm erscheint das Kreuz, aber ohne Christus. Und ihm wird die Erscheinung gedeutet: „Du willst nicht haben, daß er für dich leidet, so leide selber."

Sechstes Kapitel.

Der Mann.

Der Mann.

Motto: „Solange es zwei Geschlechter gibt, wird
es immer brennen."

„Wenn ein Knäblein zur Welt kommt,
dann kommt an einem anderen Orte auch
ein Mägdlein zur Welt, und sie suchen
einander, bis sie sich finden."

„Obwohl man mich Frauenhasser nennt,
habe ich immer das Weib geliebt."

„Hast du nie ein gutes Weib gesehen?
Nein, antwortete der Lehrer. Und nie
eine glückliche Ehe? Nein, antwortete der
Lehrer."

Der Kampf gegen Gott ging gegen einen unsichtbaren Gegner.
Der Kampf gegen die Frau geht gegen einen sichtbaren Feind.
Der Kampf gegen Gott war ein Kampf gegen die Welt; aber doch
nicht gegen eine Einzelheit in ihr; nur gegen ihren sich manifestieren-
den Gesamtsinn oder -unsinn. So stark war in ihm diese Gegner-
schaft, daß er Gott zitierte und mit ihm rang, wenn er ihn auch
nicht sah. Das Weib behandelte er wie Gott, Gott behandelte er
wie ein Weib. Nur: daß die körperliche Gegenwart der Frau diesen
Kampf noch gräßlicher gestaltete. Vielfältig sind die Motive dieses
Kampfes. Selbst Zufälle, die ihm gerade diese, nicht jene Frauen
zuführten, sein physisches Temperament, wirtschaftliche Zwischen-
fälle mögen an diesem kosmischen Duell mitgewirkt haben. Doch
die wesentlichsten Motive führen in die Einheit seiner Individualität.

Dieses Duell war der große Selbstzweikampf seines Ichs —
da er zur Frau zugleich ja und nein sagen mußte —, in die objektive Welt verlegt. Der „Liebeshaß", das „Ich hasse sie, weil ich
sie liebe", zeigt deutlich dieses Verwurzeltsein in der Einheit

seiner Seele. Das Urmotiv dieses so explosiven, so katastrophen-
reichen Lebens, das Signum des tragischen Menschen prägt sich
hier wiederum aus: daß nicht aus e i n e r Wurzel e i n Stamm
in die Höhe ging, gerad oder krumm; stark oder schwach; verästelt
oder nicht; sondern daß immer mehrere, einander drängende Stämme
das Erdreich auflockerten und einander entwurzelten. Jeder der
entwurzelten Stämme versucht, Wurzeln zu schlagen. Strindbergs
Dasein stammte nicht aus einer Wurzel, sondern seine Wurzel
stammte aus seinem Dasein, aus einer letzten Sehnsucht, sich zu
verketten. Wie sein Dasein nun wanderte, wanderten auch seine
Verwurzelungen. Er war ein Entwurzelter. So hat auch der Gegensatz gegen die Frau seine Schwankungen, nicht seine stetig gerad-
linige Entwickelung; denn wesentlich ist hier nicht die Aufeinander-
folge seiner erotischen Erlebnisse und die Rationalisierungen dieses
wichtigsten Ereignisses seines Lebens: wesentlich ist der Gesamt-
komplex aller Erlebnisse und aller Rationalisierungen, von denen
die einzelnen Momente allerdings nur einseitige Aspekte abgeben.

In der äußersten Schicht ist diese ununterbrochene Liebes-
tragödie eine Tragödie der Nähe. Sie zieht ihren Konflikt nicht
aus dem Gegensatz von Mann und Weib, sondern aus der Spannung
zwischen einer sensiblen unabhängigen Seele und dem Wesen der
Zweisamkeit. Vielleicht ist es deshalb auch kennzeichnend, daß
wir kein intimes (also kein zeitlich beträchtliches) Freundschafts-
verhältnis in Strindbergs Leben haben. Diese Tragödie der Nähe
haben wir schon allgemein dargestellt. Der Feinnervige zittert vor
der Berührung, die der hingebungsbedürftige, anschmiegungssehn-
süchtige Strindberg andererseits sucht. Der Feinnervige spricht:
„Du liest bereits meine Gedanken: wir können keine Geheimnisse
mehr voreinander haben." Er ist eine empfindlichere Rhodope;
welche Frau die Nacktheit seiner Seele gesehen hat, ist verurteilt
zu furchtbarer Qual. Der Feinnervige spricht: „Mein verfeinertes
Gehirn, das sich durch eine vollendete Bildung entwickelt hat,
verwirrt sich durch die Berührung mit einem niedrigeren Gehirn;
jeder Versuch, es mit dem meiner Frau in Einklang zu bringen,

verursacht mir Krämpfe." So lebt auch in ihm das Pathos der Distanz: daß Strindberg glaubt, diese Distanz durch getrennte Schlafzimmer aufrechtzuerhalten, war ein folgenschweres Verkennen des Wesens der Lebensgemeinschaft. Doch er verkannte das Wesen der Ehe, weil er es verkennen mußte. Weil eine aus seinem innersten Ich herfließende Notwendigkeit ihn zur Ehe zwang, wie eine polar-entgegengesetzte Notwendigkeit, die Auswirkung seiner Sensibilität, die Ehe sprengte. Dieses Muß zur Ehe entsprang im tiefsten seiner Passivität, die sich im Idealbild der mütterlichen Frau ihren Ausdruck schuf, die in der Ehe eine „Blutsbrüderschaft" sah, die aus dem religiösen Bedürfnis des Abhängigseins seiner Liebe oft einen asketisch verzichtenden Charakter gab, und die noch die Familie heiligte, weil sie dem Gehetzten Ruhe und Halt in allen Wirrnissen sein sollte. „Die Familie ist für mich ein Organismus geworden wie der der Pflanze, ein Ganzes, deren Bestandteil ich bin." Diesem empfindlichen, das dichte Beieinander der Ehe von vornherein ausschließenden Menschen ist so der Ehe- und Familienmystiker nach dem Gesetze seiner Individualität innig verschwistert; die Familie, als letzter bergender Zusammenhang, ersetzte in seiner individualistischen Periode die Kirche, die Gemeinschaft schlechthin, die schützende Atmosphäre um das isolierte Ich: „Einer für alle, alle für einen." Daher die Qualen, die ihm jede Ehescheidung von neuem verursachte, so daß — was zunächst unfaßbar ist — das Glück der Befreiung von dem Schmerz der Trennung überschrien wird: „Welcher vollständige und lebendige Organismus ist die Familie! Schon seit der ersten Scheidung hat mir's geahnt, als ich selber zurückschreckte und die Gewissensqualen mich töten wollten." Man wird nie mehr bei diesen langgezogenen, immer am umschließenden Band zerrenden und lockernden Ehetragödien Strindbergs fragen dürfen: Warum trennen sich die Gatten denn nicht? — wenn man einmal erst die ungeheure Macht dieses Bandes, die Strindbergs Mystik ihm verleiht, erkannt hat: „Wenn er eine Gattin heimführt und ein Kind geboren wird, dann wird es ein heiliger Raum, und man nennt es Heim. Die drei, Gatte, Gattin und Kind, sind die Besitzer; nicht zusammen und nicht so, daß jeder ein Drittel besitzt, sondern jedem gehört das Ganze, ohne daß er's zu veräußern vermag; es gibt keine Rechnungsart, die dies Verhältnis klarmachen kann ... das Problem der Dreieinigkeit. Wenn es zerbricht, kommt Unordnung ins Weltall, und die ganze Natur ruft: Wehe!" Von hier aus kann auch Strindbergs Eifersucht erst richtig gedeutet werden. Sie entstammt in erster Linie weder verletztem männlichem Stolz, noch der Furcht eines ängstlichen Besitzers, noch der Haltlosigkeit eines in sexuelle Abhängigkeit geratenen Schwächlings: sie entstammt der Seele des Ehe- und Familienmystikers. Und abermals zeigt sich noch an einer anderen Verknüpfung, wie immer polare Kräfte zusammenwirken zum Aufbau seiner seelischen Existenz; war es der passive Strindberg, dem die mütterliche Frau und die Familie der Schoß waren, in den er sein zerquältes Haupt legen wollte, so war es der sensible, sich mit seiner nächsten Umwelt identifizierende Strindberg, der Frau und Kind als Teile seines Selbst erlebte. So mußte denn Streit, Untreue — „ein kosmisches Verbrechen" — Scheidung immer sein eigenes Zentrum treffen. So mußte auch jede Unreinheit seiner Frau Unreinheit in ihm, schuldlose Unreinheit sein.

Dies ist die Schicht seiner Ehetragödie, in welche die Mann-Weib-Tragödie überhaupt noch nicht hineinspielt. Diese Tragödie der Nähe würde selbstverständlich für ihn bei jeder engeren Lebensgemeinschaft in die Erscheinung treten. Und auch in einer zweiten — nun schon mehr nach der Mann-Weib-Tragödie liegenden Schicht — ist erst die Kampfstellung vorgezeichnet, ohne daß hier die Tragödie selbst sich schon entzündete. Am Eingang dieser Schicht seiner Individualität, der Schicht des realistischen Idealisten, steht das Bekenntnis: „Ich suchte in der Frau einen Engel, der mir seine Flügel leihen sollte, und ich fiel in die Arme des Erdgeistes." Strindberg forderte immer Absolutes. Er forderte die Idee. Und er setzte seine ganze Kraft dafür ein, die Idee selbst zu realisieren: „Sie ist auf dem Wege, mein lebendiges Gedicht zu werden." Diese ideeliche Forderung an die Wirklichkeit ist bei ihm kein romantisches

Wünschen, Gernwollen, Ersehnen. Dieser Anspruch auf das Glück —
und Glück ist die hemmungslose Geltendmachung der Persönlichkeit — ist bei Strindberg kein Genießertum. Es ist ihm ein Axiom
des Gefühls, daß die Seligkeit der Liebe ewig dauere. Und er lebt
den theoretischen Zwiespalt seiner Ära, wenn in seinem lebendigen
Dasein Axiom und Erfahrung auseinandertreten wie im Denken
seiner Kulturgemeinschaft. Immer wieder: er ist kein elegischer
Sentimentalromantiker, auch dann nicht, wenn er sagt: „Daß
die Illusionen von den ersten Frühlingstagen der Liebe verloren
sind, erschüttert den Glauben an alles." Daß Illusion wird, was
Glaube war; daß seine wirklichkeitsetzende Idealität vor einer
harten, ideellosen Wirklichkeit zum Gespenst wird, daß das gläubige
Postulat wohl kraftvoll genug ist, um eine ihr zugehörige Welt
in seiner Seele emporsteigen zu lassen, aber zu ohnmächtig, um sie
vor dem Ansturm der großen realen Fremdheit zu schützen: dies
tragische Motiv bildete auch das Liebesschicksal Strindbergs mit.
Denn mit der Konsequenz des geistigen Menschen wirkte er die
in ihm angelegten Prinzipien aus. Er kannte kein Nachlassen
um der sexuellen Befriedigung willen. Deshalb wurde jedes Liebes-
verhältnis auch sofort in das Zentrum seines Seelenbereichs gerissen;
„seine Seele war zu vornehm, als daß er eine vorübergehende Verbindung mit einer Prostituierten hätte eingehen können". Sie
war zu überschwänglich, als daß sie nicht jedes Lebensmoment sofort
ergriffen hätte. War es seine religiöse Tragik, daß er keinen Alltag
hatte, weil er nur Feiertage lebte, so war es seine Liebestragik,
daß er nie die Stunden abgespannter Lässigkeit besaß, daß sein
Liebesleben aus lauter Gipfelstunden bestand. Was der Vierund-
zwanzigjährige erlebte, nachdem ihm die Haushälterin von Sandham
untreu geworden war, gewinnt typische Bedeutung: ein seiner
Natur nach En-passant-Verhältnis wollte er verewigen; ein seiner
Natur nach allzu irdisches Verhältnis wollte er vergöttlichen.
Aber es gab für ihn ebensowenig En-passant-Liebe, wie es En-passant-
Glauben gab. Alles, auch das Geringste, ergriff er mit seiner Seele
und gab ihm oft eine ihm gar nicht zukommende Bedeutung;

alles, auch das Geringste, unterstand so den Gesetzen seiner Seele und wurde deshalb, oft mit einer für den Außenstehenden unverständlichen Intensität, verteidigt. Aber wie der Glaube wanderte, trotz seiner so heftig postulierten Ewigkeit, so wanderte auch die ewige Liebe: auch hier war der Dogmatiker undogmatisch. Ebenso nun, wie seine Passivität die Frau zur Ergänzung nahm, ohne daß er diese Ergänzung ertragen konnte, ebenso nahm nun seine Idealität die Frau als Inhalt, ohne daß dieser Inhalt diese in ihn investierten Idealitäten bergen konnte. Aber Strindberg versuchte diese Bergung: „Der Staub des Weibes scheint aus einer feineren Materie zu sein als der des Mannes ... Das Weib braucht meine Verteidigung nicht! Sie ist die Mutter, und darum ist sie die Herrin der Welt.“ So hatte in der Zeit seines beginnenden Atheismus die Frau den ganzen Komplex seines Gottesbewußtseins zu tragen. In den gleichzeitigen Dramen geschieht die Erlösung immer durch die Frau, und autobiographisch bekennt er von sich: „Trotz aller Skepsis steckt noch die Madonnenverehrung in ihm.“ Wenn er sagt: „Meine Natur war monogam, wesentlich monogam“, so charakterisiert sich hierdurch aufs deutlichste, wie primär alle auf die Frau gerichteten Instinkte in ihm von seinem Seelenzentrum dirigiert wurden; daß der bloße Naturtrieb auch bei Strindberg, gerade bei seiner erotischen Gewalt, polygam gerichtet gewesen ist, steht außer Frage. Selbst in seiner naturalistischen Epoche, als, nach der Logik der Voraussetzungen, die Ehe von ihm doch unter rein physischen Kategorien hätte betrachtet werden müssen, spricht er im Roman „Am offenen Meer“ von der Entwicklung des allgemeinen Geschlechtsverkehrs zur Monogamie, und an Stelle des Gegensatzpaares von Erlaubtem und Unerlaubtem, den er als Naturforscher auf das menschliche Sexualleben nicht mehr anwenden durfte, quälte doch wieder der Ethiker seinem Naturforschergemüt den „stark ausgeprägten Instinkt für die Zweckmäßigkeit gewisser Naturgesetze“ ab, „und er litt innerlich, wenn er das Gebot der Natur übertreten sah“. Wenn es gilt, daß sich eine Persönlichkeit dort am stärksten offenbart, wo sie nicht der selbstverständlichen logischen Verkettung folgt, sondern in einer Art logischen Krampfes die Abfolge der Gedanken in eine andere als die logisch-gemäße Richtung treibt, so zeigt Strindberg hier, daß ihm der Wert, die Göttlichkeit der Frau, über aller Logik steht. Der spätere Strindberg hat trotzalledem noch die Liebe zur Ehe unter die Grundsätze des Himmels gerechnet; er hat eine unglückliche Ehe für besser gehalten als gar keine; er hat die Polygamie aufs schärfste verurteilt und die jungfräuliche Braut gefordert. Entstammt diese Wertung der Frau realer Erkenntnis? Entstammt sie romantisierendem Trieb? Sie stammt weder aus der Objektivität noch aus Vergeudung sexueller Not! Er will seine Passivität rechtfertigen! Er will; und er gestaltet nach diesem Willen den Kosmos um. Hier steckt aber sein zweites tapfer-tragisch geliebtes Trotzdem (das erste steckt im Christengott!). Und wer sich wundern sollte, daß das gleichzeitige literarische Dokument der furchtbaren Ehezeit mit seiner ersten Gattin Siri von Essen ihre Verengelung als Margarete im „Geheimnis der Gilde", als „Frau Margit", als Lieschen im „Glückspeter" ist, der erinnere sich an die Trotzdem-Natur des tragischen Menschen: „Je mehr ich unter den Unarten meiner Mänade leide, desto mehr bemühe ich mich, den Kopf der heiligen Maria mit einem Heiligenschein zu vergolden. Je mehr die Wirklichkeit mich niederdrückt, desto mehr begeistern mich die Halluzinationen, die ich mir von der geliebten Frau mache." Ist das nicht wieder der Experimentierer, der Gott verkündet, trotzdem er das Nichts glaubt? der das Weib zum Engel macht, trotzdem er seine Teuflischkeit glaubt? „Ich will, du sollst vollkommen sein." Sein Wille schuf eine Wirklichkeit. In jedem Trotzdem steckt der Trotz, aber auch jenes Das, welches übertrotzt werden soll. Der Trotz ist die Idee, das Ideal; das Übertrotzte ist die Realität. Und Strindberg kannte die Realität: „Das war der Preis der Liebe seit undenklichen Zeiten, daß der Mann verschweigen mußte, wer das Weib war." Dieses Wissen um die Realität bei all ihrer Idealisierung scheidet Strindberg von allen den Rosenrotromantikern, verbindet ihn mit seinem

Verwandten Nietzsche.   Seine Idealität ist von anderer Natur als das Beschönigen des Harten und sein Umphantasieren in Weiches. „Trotzdem er selber als Neuvermählter im höchsten erotischen Stadium lebte, durchschaut er doch die Natur der Ehe." Und können ihm so sentimentale Stunden die Natur der Frau nicht verschleiern, so muß seine Periode des Naturalismus die schärfste Erkenntnis liefern.   Da versteht er denn nicht, „was die mächtige Liebe, die eine Hochzeit der Seelen ist, mit der Fortpflanzung zu tun hat".   Da versteht er denn nicht, „wie ein Kuß, der ein un- geborenes Wort ist, eine lautlose Rede, eine stille Sprache der Seelen, durch eine heilige Handlung — gegen eine chirurgische Operation eingetauscht werden kann, die immer mit Weinen und Zähneklappern endet."   Da ist denn das Weib eine „Zwischenform zwischen Mann und Kind", und er charakterisiert ein nacktes Weib als einen „Jüngling mit Zitzen auf der Brust, ein unausgereifter Mann, ein Kind, das aufgeschossen und im Wachstum stehen- geblieben ist, ein chronisch-anämisches Wesen, das dreizehnmal jedes Jahr regelmäßigen Blutsturz hat".   So ist ihm das Weib „eine Larve oder eine Puppe, aus deren Schlafleben einmal ein Mann entstehen soll ... verräterisch, treulos, mit Krallen versehen". Vor dieser physiologischen Diagnose verflüchtigen sich dann alle Kulte mystischer Verehrung.   Die Realität sehen zu müssen, ist ebenso Schicksal, wie die Idee fordern zu müssen: Strindberg stand unter beiden Schicksalen.   Wohl erlosch einige Weltminuten lang die Realität vor dem Glanz der Idee.   Er oktroyierte das Urbild dem Abbild auf. Bis ins Physiologische läßt sich dieser metaphysische Prozeß verfolgen, wenn er uns in einem Roman schildert, wie er instinktiv das Gesicht der Geliebten wegen eines Fehlers optisch umzeichnet, also: um-sieht. Aber wiederum war er zu sehr Realist von Geblüt, als daß nicht im unvorhergesehenen Momente plötzlich die nackte, bare, subjektsfremde Härte vor ihm stand.   Daß er als Idealist nicht Romantiker, noch als Realist Skeptiker war; sondern daß der Idealist des Willens, der noch die objektive Er- fahrung für Stunden fälschte, im Grunde ein unbeugsamer Realist des Erkennens war: das allein besiegelte auch in seinem Liebesleben sein tragisches Geschick, und ließ auch hier das tragische Trotzdem erklingen.

Diese Disposition einer notwendig zur Einsamkeit bestimmten und ebenso natürlich zur Zweisamkeit hinstrebenden Seele, eines notwendig idealistisch um-sehenden und ebenso notwendig objektiv sehenden Forscherdichters wird nun aufs intensivste akut gemacht von dem gewaltigen Erlebnis des Gegensatzes von Mann und Frau. Diese Spannung ist im weitesten Ausmaß da — und man sollte überhaupt nur über die Grenzen ihres Bereichs und ihre metaphysische Deutung streiten. Auch hier, dieser großen Tatsächlichkeit des Geschlechtergegensatzes gegenüber, waltet die Gesetzlichkeit seelischer Typen. Strindberg gehörte zum Typus des geistbesessenen Mannes. Die Frau ist von diesem Typus ausgeschlossen. Sie verkörpert ihm die Gegensätzlichkeit gegen seinen Typus. Der Kampf gegen die Frau war ein Kampf für den Typus Mensch, den er repräsentiert, den Typus des kulturschaffenden, ideenverwirklichenden Menschen. Immer ist die Frau hinterlistig, kleinstirnig, ungerecht; immer ist der Mann vornehm, geradeaus, mutig — und zwar beides in der gleichen Sphäre des Menschenwertes. Irgend etwas von seinem Typus steckt fast noch in jedem seiner männlichen Gestalten, mögen sie sonst einen Rang einnehmen, welchen sie wollen. So kämpft wirklich bei ihm nicht ein idealisierter Mann gegen eine mit allen wirklichen Unzulänglichkeiten behaftete Frau, sondern immer kämpft Typus gegen Typus. Das kommt am grandiosesten zum tragischen Ausdruck, wenn man beachtet, daß noch selbst sein Ideal des Typus Frau das Ideal eines Feindes ist, so daß das Leben keiner Frau dieser Feindschaft entgehen kann. Die Liebesszene zwischen Meister Olaf und Christine, in welcher in nie wieder erreichter, geradezu visionärer Klarheit auch der Gegensatz gegen den Engel im Weibe deutlich wird, gibt hier den erschütterndsten Beweis. Und den Engel im Weibe mußte nun dieser bis aufs Messer geführte Kampf entgöttern. Seine zweite Frau spricht das Rätsel der bösen Natur des Strindbergschen Weibes aus: „Ich weiß,

daß ich niemals gegen einen Menschen so boshaft gewesen bin
wie gegen dich, ohne daß ich dafür Gründe angeben könnte."
Wir können die Gründe angeben. Nach dieser großen, bedeutsamen
Erkenntnis, daß e r das Weib erst zum Teufel machte. Er machte
es sehend und wissend. Erst nachdem die „Dame" das Werk des
„Unbekannten" (im „Nach Damaskus") gelesen hat, wird sie böse.
Immer treibt der geistbesessene Mann die Frau aus ihrem Paradies,
indem er ihr harmonisches Wirklichkeitsleben ideelich zersetzt und
ihren Instinkt unsicher macht. Den tragischen Menschen kann
der Instinkt nie zum Kompromiß führen; er besitzt gar nicht
jene lebenschützende Funktion, welche unbewußt und spontan
Schutzmaßnahmen trifft, wenn die Seele in Gefahr schwebt. In
der „Entwicklung einer Seele" sagt Strindberg rückblickend über
das Verhältnis von Olaf und Christine: „Der Dichter zeigt deutlich,
daß Mann und Weib inkommensurable Größen sind, daß die Frau
als Frau höher steht und der Mann als Mann." Aber doch schon
hier wird diese Wertinkommensurabilität vor dem Bewußtsein
des Denkers zur Wertkommensurabilität vor dem Instinkt des
Mannes. In Christine hat es sich am offensichtlichsten ausgeprägt,
daß die Verehrung und Vergöttlichung der Frau nicht im Objektiven begründet ist, sondern nur von Gnaden des souveränen
Mannes herstammt; daß noch die ideale Frau ein Ideal der Ideal-
losigkeit ist. So kann die mütterlichste, idealste Frauengestalt
Strindbergs mit Recht zu Meister Olaf sagen: „Du verachtest
diese kleine Wirklichkeit, und doch hast du sie mir angewiesen."
  Neben diesem prinzipiellen Kampf geht ein aktueller nebenher,
der nicht um den geistigen Rassegegensatz, sondern um die emanzi-
patorischen Fehlgedanken der Frau der siebziger und achtziger Jahre
entbrannt ist. Wenn Strindberg aus der Tageskampfstimmung heraus
schreibt: „Ich habe nicht das Weib angegriffen, sondern ich habe
die jetzigen Verhältnisse angegriffen", so ist das eine völlig inadäquate und unzulängliche — nur auf einen Teilinhalt gehende —
Rationalisierung seines metaphysischen Mannerlebnisses. In seinem
Liebesleben waltet noch stärker vielleicht als in anderen Lebens-

bezirken das große Muß seiner individuellen Gesetzlichkeit. „Was fürchtest du am meisten? — Daß wir uns entzweien. — Aber das hängt doch wohl von uns ab. — Wenn es so wäre! Aber die Zwietracht kommt von draußen wie der Wind." — Daß das Alltäglichste, Nichtigste, Winzigste des Lebens zwischen Mann und Frau vom Seelenkern her so bestimmt ist: das gibt allen jenen ehelichen Zänkereien und dialektischen Haarspaltereien ihren metaphysischen Unterton. Denn: daß Kleider nicht ordnungsgemäß fortgelegt sind, daß die Abendzeitung nicht am Platze liegt; daß die Gardinenhalter nicht geradestehen, und daß der Aschbecher nicht ausgeschüttet ist: alle diese ärgerlichen Nichtigkeiten sind Symptome, nicht Ursachen. All diese gegenseitig zugefügten Bosheiten sind Symbole, nicht Unmoralitäten. Alles ist maskierter Kampf, der in der Tragödie der Nähe und der Tragödie des realistischen Idealisten innerseelisch ist und nur peripher den Mann-Weib-Gegensatz hier hineinzieht, der aber durch beide Tragödien verstärkt in der Mann-Weib-Tragödie Kampf gegen ein Außen, gegen einen durch Welten getrennten, fremden Typus Mensch ist. Und doch auch wieder ein Kampf gegen sich selbst. Denn nicht nur seine Sensibilität, auch seine Aktivität, seine alle Welt seiner Seele versklavende Dynamik machte die Frau zum Teil seines Ich. Er war kraft seines Impetus immer Angreifer und Sieger. So war der Kampf der Frau gegen den Mann immer Sklavenaufstand, und es war ihm „eine süße Illusion", daß der Mann von der Frau geliebt wird; er liebt in der Frau nur sich selbst. Nicht aus Kleinheit, sondern aus Größe. Nicht aus Egoismus, der überall sich selbst genießen will, sondern aus Ethik, die überall ihre Idealität einpflanzt. Wie Nietzsche das Individuum allgemein, allen fremden Gesetzlichkeiten gegenüber verabsolutierte, so nahm Strindberg der Frau ihre Existenz, er machte sie „zu seinem zweiten Ich", „seiner eigenen Schöpfung"; der Kampf gegen die Frau war die Dialektik des absoluten Individualismus im Bezirk der Ehe. Denn diese königliche Souveränität war ja nur Illusion. Er war abhängig von der Besiegten: seelisch in seiner Anlehnungssehnsucht; physisch in seiner erotischen Gebundenheit. Furchtbar ist die Antinomie, wenn im Bewußtsein dieses wahren Untertanenverhältnisses in ihm das Herrengefühl ausbricht. Diese Zwistigkeit seiner Seele rast weiter, da sie unentrinnbar ist: immer kniet der Strindbergsche Mann demütig vor seiner Herrscherin, und immer schwingt er über sie, die Sklavin, die Geißel und hetzt sie, bis sie restlos umstellt und — vor der Not zum wilden Tier geworden, schon tödlich getroffen — alles Grauen der Agonie zu einem letzten, wilden, wahnsinnigen Angriff gegen ihren Peiniger sammelt. Zwar sucht er Herrschaft und Dienst zu verschmelzen, wenn er die Frau zwar zur Hörigen stempelt, aber die Hörige auf den Thron setzt. Doch der Thron reizt Despotengelüste. Wenn sich dieses königliche Scheingebilde, die Sklavin auf dem Thron, ihre königliche Realität verschaffen will, dann entbrennt der Kampf, der durch keine dekorative Geste zu verflittern ist: Sobald der Thron die Sklavin wandelt, muß sie wieder zur Erde und in die Küche: das ist der Sinn im Geschick der Strindbergschen Frau, von der Erde über die Himmelfahrt zur Hölle zu müssen. Welche gewaltige, überpersönliche Macht in diesem Kampf war, zeigt sich gerade in der Deutung des späteren Strindberg, der ihn wohl einem umfassenden göttlichen Heilsplan einordnen, aber nicht wegdiskutieren konnte. „Vielleicht sollen sie einander zur Versöhnung hinquälen."

Sind Laura, die den Rittmeister in die Zwangsjacke steckt, Alice, die den Kapitän zum Todestanz reizt, und Wedekinds Delila, die dem Simson das Haupthaar schert, Lulu, die Dr. Schön sein Todesurteil diktiert, Zwillingsschwestern?

Sie sind — wie ihre Schöpfer — durch Welten getrennt! Hauptmann schuf die Gersuind. Strindberg schuf Laura, Alice. Wedekind die Lulu, die Delila, die Effie.

Hauptmann bildete die Eva unpointiert, ein schlichtes Weltfaktum; er sah dostojewskisch die heilige Hure. Hauptmann entscheidet sich weder ironisch gegen die Heilige, noch pathetisch gegen die Hure, weil er die unantastbare Einheit des Geschöpfes erlebt. Hauptmann dichtet die Natur, Strindberg dichtet die kritisierte Natur; Wedekind dichtet in der Richtung auf die Natur; Wedekinds „Natur" ist eine Idee. Rose Bernd lebt. Lulu soll leben; Hauptmann hat die Natur; Wedekind kämpft für die Natur. Hauptmann ist der eigentliche Erotiker. Wedekind und Strindberg bekriegen den Eros.

Nicht nur Strindberg, auch Wedekind wertet die Frau vom Blickpunkt des Geistes. Aber Wedekind ist paradox: er dekretiert das Geistlose als Ideal. Er versucht, als Geistiger den Geist zu entwerten. Er ist — wie Nietzsche, wie Kierkegaard, wie Heine vordem — der schwerste Fall von Romantik: mit seinen gefühlvollen Zynismen legitimiert er sich als Antiromantiker-Maske. Man erkennt den Romantiker an seinem Ideal, das eine Sehnsucht, keine Realität abspiegelt.

Strindberg ist pathetisch Dualist, Richter vom Geist aus — und verwirft die Frau.

Wedekind will Apostat des Geistes sein; ohne daß dieser Wille schon genügte, die Natur zu erreichen. Nach dem Gesetz aller Romantiker verfehlt er das Ziel, das ihm nicht beschieden ist. Er infiziert den Gegenpol des Geistes mit Geist: Lulu ist ebenso wie Alice — eine Utopie, eine Fanfare, eine Theologie.

Unpathetisch betrachtet Hauptmann den Kampf zwischen Mann und Weib; ohne pathetische Abstraktion; von Fall zu Fall; bald ist ein Streckmann der Teufel; bald eine Hanne Schäl.

Strindbergs minderwertigste Männer sind — mit der Parteilichkeit eines Geistigen gezeichnet — der Frau noch an Wert überlegen.

Wedekind verkündet die Herrschaftsberechtigung der Frau. Er leidet als Mann das männliche Schicksal, Besiegter zu sein. Aber er leidet nicht Strindbergs schwereres Leiden: ungerechterweise als Riese von Pygmäen niedergebrochen zu sein. Wedekind rechtfertigt die Despotie der Frau vom Dynamischen, vom Ästhetischen her. Er entdeckte „das wahre Tier, das wilde, schöne Tier"; das Buntschillernde; das flammend bleiche Eis; das narkotisierende hautgoût; und dies Gestirn war mit Strindbergs asketischeren Kategorien allerdings nicht zu sichten.

Wedekind hat eine Apperzeption jenseits von Strindbergs moralisch-religiöser, jenseits von Hauptmanns mitleidend-einfühlender Seelenfunktion: er apperzipiert „mit heißer Wollust und mit kaltem Grauen".

Wedekinds Dr. Schön ist der Frau versklavt wie nur irgendein Höriger aus Strindbergs Welt. „Richte mich zugrunde" ist die unstrindbergsche Bitte Alwas. Und die unausgesprochene Herren-Moral sanktioniert das Sklavenlos des Schwachen. Es geht durch Wedekinds Dramen ein grausames (ein masochistisches) Jauchzen, wenn eines Mannes „Schädel zwischen eines Raubtiers Zähnen" kracht. Es geht durch Strindbergs Dramen ein erschütterndes Wehe, wenn eines Mannes Herzblut vom Vampir Weib ausgesogen wird. Wedekind preist noch im Unterliegen den namenlosen Reiz des Elementes Weib; Strindberg flucht noch voll Sehnsucht nach der Ruhe im Weib diesem größten Anti-Christ, Anti-Geist, Anti-Mann. —

Abschluß: Grenzen.

Ein Vorwort hat die dogmatischen Hauptvoraussetzungen belichtet, die den sechs Kapiteln dieser philosophischen Biographie zugrunde liegen. Ein Nachwort sollte — um das bisherige Fragment wenigstens skizzenweise zu ergänzen — diese dogmatischen Voraussetzungen von einem Einheitspunkt her begründen. Die hier gegebene Phänomenologie Strindbergs würde dann durch die Lösung der in ihr ruhenden metaphysischen Probleme zu einer Metaphysik Strindbergs ergänzt werden. Strindberg wäre erst völlig erkannt, wenn er einem (erkannten) Kosmos eingeordnet würde, wenn von Sternenweiten und der letzten kühlen Distanz leerster Abstraktionen her bis zu seinem konkreten Lebensdasein ein einziger Zusammenhang aufgedeckt würde. Dann wären seine Spontaneitäten und seine Zufälle, seine typische Eigenart und seine individuellen Unberechenbarkeiten, seine Entwicklungen und sein Fortschritt in ihren Beziehungen eindeutig festgelegt.

Dies Buch geht aber bewußt (und zwar: aus Not) nur bis zu den Grenzen metaphysischen Bereichs. Es weiß, daß damit das Wichtigste nicht geleistet worden ist; die Antwort auf die Frage: welchen Sinn hat das Leben Strindbergs gehabt? Dies eingestandene Nichtkönnen weist aber über den Einzelnen hinaus in die philosophische Krisis der Gegenwart: nur daß es selten üblich ist, auf diese Grenzen hinzuzeigen. Es kann aber nicht laut und nicht oft genug gesagt werden: daß selbst die subtilste Aufdeckung seelischer Strukturen, selbst die zarteste Seelendeutung erst ein Beginn ist, der zur Eingliederung einer Seele in das Weltall hin will, und daß die letzte Erkenntnis einer Seele die letzte Erkenntnis alles Seins voraussetzt.

Welchen Sinn aber hat es dann jetzt, ein Leben zu betrachten, dessen Beginn und dessen Ende und dessen Ursprünge jenseits des Horizontes liegen?

Strindberg ist nicht irgendein Leben. Wir sind Strindberg! Wir sind — nomadenhaft — durch alle Kulturen gezogen! Wir sind — unansässig — durch alle Berufe gerast! Wir sind nicht Partei, sondern der noch nicht existente Konvergenzpunkt, der noch nicht existente Brennpunkt aller Parteien.

Wir müssen um uns versammeln, wer uns ausgesprochen hat, da wir noch nicht den Führer zitieren können. Denn: solange wir nicht das Zeichen vor uns erblicken, werden wir nach innen lauschen, wo (wenn überhaupt) aus dem Viel-Klang der Geräusche sich zuerst das Signal herauswälzen wird. Beethoven sagte: „Alles Neue und Originelle gebieret sich von selbst, ohne daß man danach suchet." Aber das Suchen ist die Voraussetzung, daß es sich von selbst gebiert. Das Suchen ist die Bewegung und Konzentration auf den Moment der Reife.

Und das Suchen ist noch die große Stellvertretung, wenn sich nichts mehr gebiert. Strindberg ist ebenso wie die andern Repräsentanten unseres Jahrhunderts ein Suchender gewesen. Noch wissen wir nicht, ob sein Leben jenes Suchen war, das da findet, oder jenes andere Suchen, das schon jenseits allen Findens ist. — Noch wissen wir nicht unser Schicksal! —

Inhalt

Ludwig Marcuse
im Diogenes Verlag

August Strindberg
im Diogenes Verlag

Dramen in 3 Bänden
Herausgegeben von Arthur Bethke
Aus dem Schwedischen von
Arthur Bethke und Anne Storm
detebe 21790

Fräulein Julie
und fünf andere Dramen
detebe 21777

Nach Damaskus
und drei andere Dramen
detebe 21778

Gespenstersonate
und sechs andere Dramen. Mit einem Essay von
Ernst Wendt. detebe 21779

Die großen
Erzähler der Weltliteratur
im Diogenes Verlag

● **Pedro Antonio de Alarcón**
Meistererzählungen
Herausgegeben und mit einem Nachwort von
Werner Bahner. Aus dem Spanischen von
Georg Spranger. detebe 21703

● **Marcel Aymé**
Meistererzählungen
Aus dem Französischen von Hildegard Fuchs
und Gertrud Grohmann. detebe 21704

● **Anton Čechov**
Meistererzählungen
Ausgewählt von Franz Sutter. Aus dem Russi-
schen von Ada Knipper, Herta von Schulz und
Gerhard Dick. detebe 21702

● **Raymond Chandler**
Meistererzählungen
Aus dem Amerikanischen von Hans Woll-
schläger. detebe 21619

● **Fjodor Dostojewskij**
Meistererzählungen
Edition, Übersetzung und Nachwort von
Johannes von Guenther. detebe 20951

● **Joseph von Eichendorff**
Meistererzählungen
detebe 21608

● **F. Scott Fitzgerald**
Meistererzählungen
Ausgewählt und mit einem Nachwort von
Elisabeth Schnack. Aus dem Amerikanischen
von Walter Schürenberg, Anna von Cramer-
Klett, Elga Abramowitz und Walter
E. Richartz. detebe 21583

● **Dashiell Hammett**
Meistererzählungen
Ausgewählt von William Matheson. Aus dem
Amerikanischen von Wulf Teichmann, Walter
E. Richartz und Elizabeth Gilbert
detebe 21722

● **Hermann Hesse**
Meistererzählungen
Herausgegeben und mit einem Nachwort von
Volker Michels. detebe 20984

● **Patricia Highsmith**
Meistererzählungen
Ausgewählt von Patricia Highsmith. Aus dem
Amerikanischen von Anne Uhde, Walter E.
Richartz und Wulf Teichmann. detebe 21723

● **Nikolai Lesskow**
Meistererzählungen
Ausgewählt von Anna Guenther. Aus dem
Russischen von Johannes Guenther
detebe 21651

● **Joaquim Maria
Machado de Assis**
Meistererzählungen
Herausgegeben, übersetzt und mit einem
Nachwort von Curt Meyer-Clason
detebe 21504

● **Heinrich Mann**
Meistererzählungen
Herausgegeben von Christian Strich
Mit einem Vorwort von Hugo Loetscher und
Zeichnungen von George Grosz. detebe 20981

● **W. Somerset Maugham**
Meistererzählungen
Ausgewählt von Gerd Haffmans. Aus dem
Englischen von Elisabeth Schnack
detebe 21726

● **Luigi Pirandello**
Meistererzählungen
Auswahl und Nachwort von Lisa Rüdiger. Aus
dem Italienischen von Percy Eckstein, Hans
Hinterhäuser und Lisa Rüdiger. detebe 21527

● **Alexander S. Puschkin**
Meistererzählungen
Aus dem Russischen von André Villard. Mit
einem Fragment »Über Puschkin« von Maxim
Gorki. detebe 21526

● **Georges Simenon**
Meistererzählungen
Aus dem Französischen von Wolfram Schäfer
u.a. detebe 21620